Trabalho do negativo

Trabalho do negativo

Vera Lamanno-Adamo

c coleção
c clínica
p psicanalítica

Artesã

Trabalho do negativo

1ª edição

DIRETOR
Alcebino Santana

CAPA
Artesã Editora

DIAGRAMAÇÃO
Conrado Esteves

L214 Lamanno-Adamo, Vera.

Trabalho do negativo / Vera Lamanno-Adamo. –
Belo Horizonte : Artesã, 2024.

240 p. ; 21 cm. – (Clínica psicanalítica)

ISBN: 978-85-7074-099-1

1. Psicanálise. 2. Bion, Wilfred Ruprecht, 1897-1979. 3.
Édipo, Complexo de. 4. Psicologia clínica. I. Título.

CDU 159.964

Catalogação: Aline M. Sima CRB-6/2645

IMPRESSO NO BRASIL
Printed in Brazil

(31)2511-2040 (31)99403-2227
www.artesaeditora.com.br
Rua Rio Pomba 455, Carlos Prates - Cep: 30720-290 | Belo Horizonte - MG
/artesaeditora

Agradecimentos

Aos meus analisandos, supervisionandos e alunos.

Aos meus preciosos amigos e colegas da Sociedade Brasileira de Psicanálise de São Paulo e do Grupo de Estudos Psicanalíticos de Campinas, pela indispensável interlocução.

À minha família, pelo afeto e apoio.

À minha irmã Teresa, bióloga e cientista, que vem acompanhando todos os meus escritos com valiosas críticas e sugestões.

Prefácio

Recentemente foi publicado um livro sobre as fontes intelectuais que marcaram Wilfred Bion na formulação de seu pensamento (Torres & Hinshelwood, 2013). Os autores desse importante trabalho, o primeiro a esmiuçar os elementos formadores da concepção intelectual que resultaram posteriormente no pensamento psicanalítico de Bion, sublinham a centralidade do cirurgião Wilfred Trotter na concepção bioniana sobre como a experiência emocional é elaborada na mente do ser humano. W. Trotter foi professor de Bion no University College e o mais importante cirurgião de sua época. Trotter é conhecido também por ser um dos primeiros acadêmicos a acolher o pensamento de Freud na Inglaterra e a quem Ernest Jones rende tributo no obituário que escreveu para o *International Journal of Psychoanalysis* (Jones, 1940, p. 114), dizendo que foi por meio dele que tomou conhecimento da importância do pensamento de Freud. Foi Trotter (1932) quem propôs o modelo do processo digestivo para o funcionamento da mente, ao sugerir que "Um evento vivido (*experienced*) é um evento percebido, digerido e assimilado para dentro (*into*) da experiência de sermos [*humanos*]".

Como sabemos, Bion foi o autor que mais expandiu o pensamento de Melanie Klein, introduzindo o modelo de mente baseado nos conceitos de continente-contido, Ataques aos Elos e na conjugação das preconcepções com as realizações como base para a Teoria do Pensamento.

Vera L. Adamo dá continuidade a essa trilha, propondo neste livro a discussão das implicações dos modelos bionianos, sobretudo o de continente-contido, para a clínica dos pacientes difíceis de serem tocados pelo processo psicanalítico. A autora introduz seu trabalho indicando que iniciou suas reflexões ao desejar compreender as dificuldades que estava vivendo na clínica com pacientes que tinham dificuldade de estabelecer vínculos e de serem transformados pelo processo analítico. Neste contexto, Vera traz uma rica reflexão sobre o processo de transformação das experiências emocionais, seja na mente do analista seja na do paciente, em um processo dialético interacional.

Antes de prosseguir nesta elaboração gostaria de acentuar o quão importante é a definição de Vera do ser humano como uma *unidade* somatopsíquica, superando, assim, uma concepção que causou muitos danos à reflexão psicanalítica, ou seja, do paralelismo mente-corpo.

A perspectiva do psicanalista ao abordar a questão da importância da investigação não é a de reafirmar o paralelismo mente-corpo. Penso, como Vera, que mente e corpo, em sua expressão cerebral, referem-se a níveis de organização da vida distintos, com certa autonomia em cada uma das instâncias e que mantêm uma relação dialética entre si. Assim como para nós consciente e inconsciente são dois modos coexistentes de *gerar experiência*.

As ideias de Bion introduzem não só a noção de que a identificação projetiva possa ter uma função comunicativa, mas também, e sobretudo, que aquilo que foi projetado para dentro da mente do analista possa ser transformado.

Ainda nessa direção, Salomonsson (2007) propõe que deveríamos falar de *transformações semióticas, e não simplesmente de "transformações"*, pois embora aceite que as transformações sigam um processo contínuo, não concorda que isso se dê *a partir de uma invariância*. Ao adicionarmos o vocábulo "semiótica" ao termo "transformações", estamos enfatizando não apenas as modificações formais das experiências, mas também a relação dialética entre formas assumidas e significado construído, que podem combinar-se infinitamente em um processo de crescimento psíquico.

Em outro trabalho (Rocha Barros & Rocha Barros, 2014), escrevemos que antes que possa haver uma interpretação é necessário que o analista passe por um *trabalho psíquico* complexo, em parte consciente, noutra parte, não. Não basta que este se conscientize de *quais sentimentos* são projetados em sua mente pelo paciente mas é também necessário que ele detecte de *que maneira a vivência desses sentimentos o afetou*. Essa segunda etapa é essencial para que possamos nos utilizar eficazmente da contratransferência e até mesmo para caracterizá-la conceitualmente como tal. Essa discriminação, fruto de uma autoanálise, permite ao analista apreender o aspecto do paciente que é negado à sua consciência. É o restabelecimento dessas conexões (*bonding*), a partir da interpretação do analista, que propiciam a possibilidade de elaboração da atitude defensiva do paciente ao negar a dor psíquica e, como consequência, aparelhá-lo (por meio da produção simbólica) para enfrentá-la. A interpretação que resultará desse processo não transmitirá apenas conhecimento sobre si mesmo ao paciente, mas uma possibilidade de ser (seria mais apropriado dizê-lo utilizando um neologismo borgeano: "tornando-se") diferente, pois graças à apropriação dos aspectos expressivos da vivência emocional presente na interpretação o analista está propiciando ao paciente essa *transição entre saber e tornar-se.*

Este livro explora as diversas facetas dessa transformação em curso no processo de constituição da mente humana. Vera, a partir das experiências clínicas que viveu, conceitua os diversos tipos de continente em operação para transformar ou impedir de transformar a experiência emocional do paciente.

É também notável nessas suas reflexões a busca por contextualizar o pensamento clínico de Bion no seio de uma cultura psicanalítica mais ampla, na qual autores franceses, latino-americanos e norte-americanos se articulam. Essa articulação nos leva progressivamente – e de forma convincente – a perceber a proximidade entre os pensamentos de André Green e Wilfred Bion consubstanciados no título do livro: *Trabalho do negativo.*

Este trabalho representa mais um passo no processo de constituição de um pensamento clínico brasileiro que não existe de forma isolada, mas se articula ao fluxo do pensamento psicanalítico contemporâneo em um mundo globalizado.

Elias Mallet da Rocha Barros

Introdução

Os textos apresentados neste livro foram desenvolvidos no período de 1995 a 2013, a partir de meu esforço para pensar sobre as dificuldades que vinha enfrentando com alguns pacientes. Dificuldades de estabelecer um vínculo afetivo significativo e de lidar com análises que se tornaram repetitivas, estáticas e improdutivas. Isso me levou a questionar a técnica psicanalítica e levantou questões sobre o funcionamento psíquico do paciente e o conjunto de defesas utilizadas.

Tais questionamentos me incitaram a investigar a relação com meus pacientes, não só em termos do conteúdo e de como minha mente acolhia e transformava as comunicações dos pacientes, mas também em termos do testemunho deles, de como eles ouviam meus comentários e interpretações, o que faziam com minhas contribuições e os efeitos disso na função analítica e no processo analítico como um todo.

Nesse processo investigatório observei, com alguns pacientes, que as induções recíprocas de operações de pensamento, nas sessões, produziam padrões mentais repetitivos de comunicação que pareciam agrupar um conjunto de fenômenos ligados a uma forma específica de acolhimento e transformação da experiência emocional em curso.

Alguns pacientes apresentavam uma tendência a acomodar as contribuições do analista, no que parecia ser uma cavidade flácida demais, de modo que qualquer contido que ali tentasse se alojar tornava-se amorfo e indeterminado. O paciente recebia o que a análise tinha para lhe oferecer, sem apresentar movimentos de expulsão e retenção característicos de um organismo cumprindo funções de absorção. Em contrapartida, isto é, na contratransferência, minha capacidade de associar, formular ideias e comunicá-las ia perdendo a vitalidade e dando lugar a uma forte sensação de entorpecimento.

Em contraste com esse fenômeno de "fazer desaparecer", alguns pacientes apresentavam um padrão de acolhimento e transformação que me levou a pensar em um continente que funcionava a modo de uma "galáxia canibal", sorvendo voraz e avidamente meus comentários e interpretações, transformando-os prontamente em elementos para manutenção e desenvolvimento do sistema ou ideia delirante em curso. Resultava daí um padrão mental de comunicação saturada, em que qualquer novo elemento que surgisse era imediatamente acoplado à criação mental previamente organizada.

Com alguns pacientes percebia também que o processo analítico era marcado por enganosa suavidade e brandura. A análise parecia estar caminhando bem, sem a manifestação de grandes conflitos no campo transferencial-contratransferencial, mas, quando colocava um olhar mais atento e aprofundado em seu percurso, percebia que o paciente não estava sendo, de fato, afetado pelo processo. O processo analítico parecia se instalar de forma relativamente fácil.

Na análise havia uma tendência exagerada em concordar com as especificidades e peculiaridades do processo, uma fidelidade prontamente instalada para tornar compreensível o até então incompreensível e inominável. Aceitavam com benevolência as interpretações, e tudo parecia acontecer de acordo com o esperado. Vez ou outra a "calmaria" era quebrada. Havia lampejos de percepção que causavam espanto, medos hipocondríacos fugazes, esporádicos episódios psicossomáticos, sentimentos de perseguição, os quais eram com prontidão "desarticulados" da transferência com imediato retorno ao estado enganoso de branda acomodação.

O ponto de partida para minhas investigações e discussões foi o modelo de mente proposto por Bion (1962a; 1962b), fundamentado em alguns pressupostos comuns ao universo das teorias psicanalíticas, isto é, que o ser humano é uma unidade somatopsíquica que, sob condições favoráveis, tende a se tornar cada vez mais complexo ao longo da vida, que a função psíquica inicia-se com os primeiros registros de percepções sensoriais e emocionais e que isso só ocorre por meio do mental disponível do outro.

A partir da leitura dos textos, percebem-se as ideias evoluindo gradativamente, uma experiência clínica vai e volta sob uma perspectiva e depois outra. Um trecho de experiência clínica ressurge, salientando outro aspecto da teoria e da clínica. Um fragmento da clínica volta reduzido e se amalgama com outra experiência, para constituir um texto mais longo. Mas todos os textos têm um ponto em comum.

As experiências clínicas apresentadas descrevem padrões mentais receptores-transformadores marcados por uma ação negativizante, conforme discutidas por Bion (1962a; 1962b) e Green (1986). Padrões de negatividade que contemplam o desinvestimento radical, visando à diminuição das tensões ao nível zero, ao nada, à inércia, à não vida, o que resulta em prejuízo dos processos de simbolização. Uma negatividade que, em sua radicalidade, esvai e exaure o aparelho psíquico.

Não há um objetivo científico *a priori*, ou seja, esses pacientes, durante o tratamento, não estavam sendo "trabalhados cientificamente", não havia qualquer objetivo em mente para a validação de uma hipótese já estabelecida. Essas formulações "foram caindo na casa de meus pensamentos, como hóspedes inesperados, enquanto estava ocupada na investigação de detalhes" (Freud para Ferenczi, em agosto de 1915, citado por Vassalli, 2003, p. 115).

O objeto de estudo da psicanálise não é o acontecimento *per se* e sua interpretação, mas os movimentos e sentidos inconscientes que lhe são subjacentes, os quais constituem a vida psíquica simultânea do paciente e do analista. Esses movimentos continuam no decorrer dos processos de pensamento que se seguem à sessão (ou o término da análise). Esses *restos de sessão* ou *restos da análise* podem psiquicamente *trabalhar o analista* até fazer emergir nele, a partir de um processo de elaboração, uma nova intelegibilidade.

A escrita psicanalítica é o produto final de um acúmulo de experiências e elaborações dessa qualidade.

1
Contando do começo[1]

Ela se chamava Ana. Uma mulher de 37 anos. Parecia ser uma pessoa tranquila e em paz consigo mesma. Seus filhos cresciam, o marido retornava à casa na hora certa. Ana dava conta de tudo – casa, marido, filhos.

No entanto, certa hora da tarde era perigosa. Certa hora da tarde, tudo o que havia construído ria dela. Quando nada mais precisava dela, inquietava-se.

Mudara muito desde que se casara e tivera filhos. Antes de virar mulher, na adolescência, uma exaltação perturbadora, uma turbulência insuportável. Apesar da mudança, havia ainda a hora perigosa. Para precaver-se dela, saía, fazia compras no supermercado, levava os objetos para consertar. Quando voltava, seus filhos já estavam por chegar e só restava cuidar deles até que a noite chegasse com sua tranquila vibração.

1 Trabalho publicado em Lamanno-Adamo (2013, p. 51-58).

Um dia, um pouco cansada e com as compras já feitas, em uma daquelas horas instáveis do final da tarde, enxergou um homem no ponto do ônibus. O homem estava parado, imóvel. Era um homem cego. Então ela viu: o homem cego mascava chiclete.

Não conseguia tirar os olhos de cima dele. Não conseguia deixar de olhá-lo profundamente. O coração batia espaçado, forte. As compras caíram de suas mãos. Ana deu um grito. Tentava se aprumar, pálida. Uma sensação, uma expressão de rosto há muito não usada, há muito não sentida, ressurgia-lhe incompreensível.

Todos os ovos se quebraram. As gemas amarelas e viscosas purgavam. O mal estava feito. Por quê? Teria se esquecido de que havia cegos?

Por um momento não conseguia se orientar, havia passado a rua da casa, parecia ter saltado no meio da noite. Seu coração batia de medo, em vão tentava reconhecer os arredores. Com muito custo retornou à casa. O filho se aproximou correndo, Ana apertou-o com força: "não deixe mamãe te esquecer", disse-lhe.

Depois veio o marido, jantaram e chegou a noite. Ana conseguiu por fim dormir. De manhã acordaria aureolada pelos calmos deveres.

Alguns poderão ter reconhecido Ana, é a personagem do conto "Amor", de Clarice Lispector (1960). O texto acima é uma adaptação livre de um trecho da história narrada por Lispector, assim como me foi introduzida em um encontro analítico. Após alguns minutos de silêncio, minha analisanda disse que estava muito bem, mas que assim que se deitou no divã começou a sentir raiva. Achava que era raiva, mas não tinha muita certeza disso. "Parecia tudo tão bem, e agora essa sensação ruim", disse. Depois de uma pequena pausa, perguntou: “Por que estou me sentindo assim?”. Disse a ela que se assustava por sair da tranquilidade. “Se eu deixasse sair tudo o que está aqui dentro, nem sei o que aconteceria”, respondeu.

Depois, manteve-se em silêncio. Seu corpo estava imóvel no divã, percebo que apertava com força os braços cruzados sobre o peito. Foi então que ela recorreu a Lispector para falar de sua hora perigosa, sobre a mulher que de repente perdeu a serenidade. Ela, que havia cuidado tanto para não explodir, ela, que tentava vigorosamente manter tudo em tranquila compreensão, de repente tudo isso sendo rompido para dar lugar à cegueira. Cegueira curiosa, mascando chiclete. O que o cego provocou parecia não caber em seus dias, em seu corpo teso. Esgotou-se o cotidiano, o igual ao mesmo.

E Lispector nos brinda de forma muito especial com personagens que nos revelam o caos, o terror e o êxtase presentes em um estado de expansão. A vida psíquica negada que de repente explode é um traço comum nas personagens de Lispector; há ódio, amor, ternura, medo, desamparo e alegria anestesiados pelo silêncio e que subitamente latejam e purgam.

Após introduzir seu duplo especular, personagem de Lispector, Ana ficou em silêncio por algum tempo. Em seguida, perguntou: “Clarice Lispector se suicidou?”. Lembro-me de ter conversado com ela, nessa ocasião, sobre essa pergunta que continha várias outras dentro de si. Seria possível experimentar o desejo, a necessidade e o vazio e continuar viva? Seria possível suportar tamanha tensão? Preferível à morte? Preferível à vida psíquica congelada, mesmo tendo como consequência a cabeça oca e uma miserável solidão? Então ela me disse: “acho que é por isso que muitos artistas se suicidam, é quase sempre impossível tolerar essa coisa, essa explosão, mas talvez é por tolerarem tudo isso que são artistas. Ou criam ou morrem", murmurou.

Já escrevi sobre esse meu encontro com Ana em outra ocasião (Lamanno, 1998), mas, agora, lançada a questão – com quem aprendemos psicanálise – tomo a experiência clínica com Ana como um "fato selecionado" (Bion, 1965). Um fato que agrega elementos dispersos, que dizem respeito sobre com quem venho aprendendo psicanálise. Mais especificamente, com quem venho aprendendo a articular medo, morte, paixão e criatividade.

Sempre que penso em Ana, lembro-me claramente deste momento: ela me perguntando "Clarice Lispector se suicidou?". Então o silêncio e depois seu murmúrio: "Ou criam ou morrem".

> Lispector não se suicidou: quase vivo, quase morro, confessou, quase poderia me lançar pela janela do meu sétimo andar, mas não me lanço [...].
>
> Lispector escrevia: escreve-se porque se sente sozinho no mundo, o que não é uma verdade de fato, mas uma verdade íntima. Minhas intenções se tornam claras ao esforço de transpô-las em palavras. Escrever é compreender melhor. Escrevo porque o que é que eu faria dessa onda de amor que às vezes existe em mim? Escrevo por amor? Escrevo porque amo e odeio o mundo? Escrevo porque se dói muito escrever, não escrever dói também mais. Escrevo para saber porque nasci (Waldman, 1993, p. 20-21).

Ana me procurou em meados de 1988. Lembro-me pouco do que me disse nesse primeiro encontro, mas me entusiasmei por cuidar dela, percebi uma profunda angústia em seu olhar, parecia estar fechada em si mesma, em uma espécie de clausura. Mas Ana não tinha, naquele momento, consciência da solidão e do desamparo em que vivia. Seu olhar era apagado, parecia viver em um mundo nebuloso e indefinido.

Ao longo de nossos encontros, Ana foi mostrando suas oscilações entre um psiquismo anestesiado e imobilizado e a satisfação de se sentir viva, de existir, de estar sendo. Entre essas duas posições, o coração de Ana hesitava, às vezes questionava inquieta: "Quando é que eu vou deixar de pensar que o bom é ficar sem vida, estagnada?" Outras vezes, parecia fascinada por um estado mental adormecido, imóvel, anestesiado.

Um dia, ela me perguntou:

> *Você já fez galinha dormir, Vera? Quando eu era criança, eu e meus irmãos brincávamos de circo no quintal, eu tinha uma especialidade que era só minha: fazer galinha dormir. A princípio, eu fazia só uma galinha dormir, mas depois, com o tempo, fui me tornando uma verdadeira* expert *no assunto, não era mais uma, mas duas, três e, às vezes, até cinco galinhas dormindo ao mesmo tempo.*

Elas não podiam acordar, nenhuma delas; quando uma dava sinal de vida, Ana saía correndo para coçar a cabeça da galinha, para colocá-la dormindo novamente.

Semelhante ao que fazia com as galinhas, Ana fazia também com o que desse sinal de vida em seu interior. No decorrer de sua existência, foi desenvolvendo uma verdadeira arte de adormecer seu psiquismo, de fazer dormir seus conflitos, desejos e necessidades. Ao longo de nossos encontros, vivenciamos inúmeros acordar e dormir, despertar e anestesiar.

Durante a análise, Ana residiu no exterior por um ano e resolvemos nos corresponder por carta nesse período. Em uma delas, Ana relatou ter acordado de madrugada, nevava muito, estava muito frio e sentia-se muito só. Desceu para a sala, abriu a cortina e se pôs a observar os flocos de neve caindo sem parar: "Naquele momento, pensei em você e aquele sentimento horrível começou a diminuir. A neve caindo, prateada por causa da luz da sala, a lembrança de você sentada atrás de mim e eu deitada no divã, tudo isso me acalmou".

Foi uma carta bonita, fiquei emocionada e me pus a escrever:

Ah! Saudade
Sentimento colorido
Nem cinzento cor da despedida
Nem dourado cor do reencontro
Prateado.

Nem dourado cor do reencontro – dourado é a cor real da posse, do gozo. Nem cinzento cor da despedida – cinzento é triste, diz respeito à perda, à separação. A saudade habita entre os dois, uma mistura do cinzento e do dourado, uma coincidência de choro e de sorriso, por isso *prateado*.

Em outra ocasião, já de volta ao Brasil, e durante minhas férias, Ana começou a apresentar alguns episódios somáticos: tremores no queixo e movimento involuntário da língua e das mãos. Durante a juventude, quando se mudou para outra cidade para fazer cursinho e prestar vestibular, havia apresentado episódios de leves convulsões, que foram diagnosticados como disritmia. Agora, no momento em que enfrentava novamente angústias relativas à aquisição de um senso de existência, Ana apresentava os mesmos sintomas. Ela me relatava seus medos de se tornar uma inválida, incapaz de produzir, incapaz de cuidar dos filhos e da casa. Parecia que Ana tinha perdido o ritmo de sua vida e de sua consciência. Seu corpo tremia sobre o divã, parecia um recém-nato descontrolado, tomado por convulsões.

Havíamos chegado à sua hora perigosa, mencionada anos atrás. Despertando de seu mundo anestesiado pelos calmos deveres, sentia perder o controle, estava frágil e aterrorizada. Tal como a Ana, de Lispector, a Ana, minha analisanda, começava a perceber que "há muito passara do seu ponto de descida, na fraqueza em que estava, tudo a atingia com um susto... por um momento não conseguia orientar-se, parecia ter saltado no meio da noite" (Lispector, 1993, p. 34).

Nesse período, árdua e persistentemente, Ana "colocava suas galinhas para dormir". Movida por forças alienantes, seu imobilismo psíquico tinha como função negar e anular a ação, o movimento, a inovação e a mudança. E me lembrei de uma ocasião, quando me relatou que se imobilizava porque essa era a única forma de se manter inteira. Se desse vazão a seus sentimentos, perderia pedaços de seu corpo: "É como se eu fosse perder pedaços do meu corpo, minha perna, meus braços".

Na ocasião, me ancorei no conceito de Green (1988a) sobre o narcisismo negativo ou de morte, uma busca ativa não da unidade, mas do nada, isto é, de uma redução das tensões ao nível do zero, que é a aproximação da morte psíquica. Essa petrificação do eu visa à anestesia e à inércia na morte psíquica.

Acompanhando a voz fraca e trêmula de Ana, sua face empalidecida pelo medo da loucura, me fiz também acompanhar por Anaïs Nin (1991): na casa do incesto tudo tinha sido feito para ser imóvel, uma vez que todos tinham medo do movimento e do calor. A casa do incesto

> é o mundo dos maravilhosos silêncios dos gêmeos, o mundo em que todos os sentimentos parecem brotar da mesma

> fonte, o mundo onde se perde as identidades separadas... embriaguez de rotação, plenitude (p. 67).

Ana teria de atravessar o túnel que a levaria da casa do incesto para um mundo habitado por uma psique com vida. O interior da casa do incesto, escreveu Nin,

> é o espaço da dançarina dançando a dança da mulher sem braços, como se fosse surda e não acompanhasse o ritmo da música, movida por alucinações que ninguém mais via... uma mulher de castanholas soando como os passos de um fantasma (p. 68).

Ana foi minha primeira analisanda, minha primeira experiência com o trabalho psicanalítico. Foi a paciente que escolhi para fazer minha primeira supervisão oficial. Judith Andreucci foi quem me acompanhou nesse processo. Lembro-me de que, na época, muito tocada e curiosa pelas ideias que Judith engendrava a cada supervisão, pus-me a ler todos os seus trabalhos. Um deles realmente me encantou: *Aquele olhar: vivências psicanalíticas com alguém que não podia ver* (1979). "Um texto psicanalítico em forma de poesia", pensei. Hoje diria um pouco diferente: "a construção poética de uma psicanálise e de uma escrita analítica".

Um dia, disse a Judith o quanto havia gostado daquele seu texto, e ela me contou que não queriam publicá-lo porque aquilo não era um texto psicanalítico, aquilo era poesia. Mas publicaram.

Como figura de fundo: minha análise didática. Eu às voltas, junto com minha analista, companhia viva, com o "ou criar ou morrer", e um crescente desejo de desvendar os enigmas da criação. O que ocorre na mente quando escrevemos, pintamos, poetizamos?

Escrevi alguns ensaios e os entreguei a Judith. Algum tempo depois, ela comentou:

> Vera, o que você quer desvendar é um enigma que tem estimulado a curiosidade do homem desde que ele conseguiu se debruçar sobre si mesmo. Filósofos de Platão a Kant tentam desvendar este mistério: como se deu o grande salto da matéria à imaginação?

Após um pequeno silêncio, e com muita delicadeza, Judith sugeriu que eu escrevesse um texto adicional, e que eu poderia intitulá-lo *O corredor do silêncio*. Nesse texto eu poderia, por exemplo, tecer considerações sobre como o ato criador desliza continuamente em um corredor silencioso, corredor de miragens, onde o desejo de decifrar enigmas não é jamais realizado por inteiro. Mas o desejo persiste, movimentando o invisível moinho da criação.

Intitulei *Encantos de vida em cantos de morte* o relatório de minha experiência analítica com Ana. Sobre a escolha deste título, escrevi:

> Quando pensava que palavras poderiam melhor sintetizar e trazer à luz o fenômeno psíquico que mais caracterizava um determinado funcionamento psíquico de Ana, subitamente me deparei com a palavra canto. Dessa palavra não consegui mais me desvencilhar, talvez pelo seu duplo sentido. Expressão melodiosa de acordo com um determinado ritmo. Significa, também, ângulo de encontro entre duas paredes, duas ruas, dois caminhos.[2]

Encantos de vida em cantos de morte, mas também o contrário: *encantos de morte em cantos de vida*. Ambas as possibilidades.

2 Relatório da Primeira Supervisão, apresentado no Instituto de Psicanálise da SBPSP, 1993.

Encantos de vida em cantos de morte me ajuda a entender um pouco melhor como a vida, que parece existir por si só, com todos os seus encantos, em sua forma mais natural, como ela é, na verdade, tensionada por todos os lados.

> Podemos nos encantar com os cantos que abrigam a morte. Aqueles cantos (cantos de sereia) que encantam pelo seu estado imóvel, pela imobilização no zero, pela indiferenciação. Nesses cantos, a vida, por vezes, se encanta com a morte e sua figura de ser absoluto. Ali, nos cantos de morte, reside a última defesa. Quando não há nada mais à disposição, decretada a falência de todas as demais defesas, a vida se encanta, acuada nas suas trincheiras, com a inexistência. [3]

"Ou criamos, ou morremos", murmurou Ana, naquele final de tarde.

Em nosso último encontro, Ana me entregou, em um pequeno pedaço de papel, uma poesia sua. Era dezembro.

Como negar a dor da despedida,
se já aprendi a doer?
Por que o medo da solidão, se por nascer somos todos sós?
Como não admitir a alegria do crescimento,
se agora tenho um caminho a trilhar?

Num voto de fé,
que minha casa tenha portas sempre abertas
e a dor e o prazer eu possa abrigar;
que à tristeza da despedida
resista o sabor do encontro.

3 Relatório da Primeira Supervisão, apresentado no Instituto de Psicanálise da SBPSP, 1993.

2
O continente flácido: aspectos de uma dinâmica narcotizante[4]

"Como seriam as coisas e as pessoas antes que lhes tivéssemos dado o sentido de nossa esperança e visão humanas? Devia ser terrível. Chovia, as coisas se ensopavam sozinhas e secavam, e depois ardiam ao sol e se crestavam em poeira. Sem dar ao mundo o nosso sentido humano, como me assusto. Tenho medo da chuva, quando a separo da cidade e dos guarda-chuvas abertos, e dos campos se embebendo de água."

(Clarice Lispector)

Este trabalho nasceu da observação clínica de pacientes que se apresentam ante o processo analítico com exagerada complacência, como se estivessem desprovidos de

4 Trabalho escrito em parceria com Fábio Adamo (*in memoriam*), publicado na *Revista Brasileira de Psicanálise*, v. 31, n. 4, p. 959-972, 1997; agraciado com o primeiro lugar no concurso sobre o tema "Psicanálise e Sexualidade", promovido pelo Centro de Estudos Luiz Wizzoni.

atividade mental. A fala do analista não parece passar por um processo seletivo, por movimentos de retenção e expulsão, característicos de um organismo cumprindo funções de absorção. As interpretações parecem se acomodar em uma cavidade frouxa demais, levando a pensar analogamente em uma "vagina hipotônica", gerando na contratransferência sentimentos de inércia, vazio e futilidade.

Aproximando a experiência clínica do conceito de Bion (1962a), sobre continente e contido, conjecturamos a existência de um *continente flácido*. Privilegiando o modelo evolutivo e os conceitos elaborados por Bion (1962a; 1965) e Imbasciati (1990), investigamos a origem do *continente flácido*, sob que circunstâncias o continente se estrutura de forma preponderantemente flácida, quais suas propriedades e funções.

Por meio de caso clínico, considerou-se a dimensão do continente flácido no processo analítico e fez-se uma apresentação de tarefa especulativa com relação ao modo de funcionamento quase completamente não mediado e não definido pelo simbólico, estudado clínica e teoricamente por Meltzer (1975), Meltzer *et al.* (1975), Tustin (1972; 1980; 1981; 1984; 1986) e Ogden (1989).

Os sentidos simbólicos de palavras utilizadas para descrever estados primários da mente, tais como "vazio", "informe", "indiferenciado" e "nebuloso", são introduzidos com o intuito de relacionar o *continente flácido* e os primórdios do psiquismo.

É um trabalho inicial de pesquisa, que deixa a impressão de auxiliar o entendimento a respeito da dimensão pré-simbólica da experiência psíquica.

A ideia de escrever este trabalho ocorreu-nos a partir de vivências clínicas com analisandos que pareciam aprisionados na fantasia de possuírem elementos ilimitados de receptividade. Uma capacidade sem nenhuma fronteira, sem nenhuma barreira. O macio, o áspero, o calmo, o violento, o venenoso, o frutífero, o pontiagudo, o arredondado, tudo sendo recebido sem qualquer oposição, sem qualquer restrição.

Pareciam possuir um continente (Bion, 1962b) que nos levou a pensar analogamente em uma "vagina hipotônica" que não apresentasse constrição durante as relações sexuais. O extremo oposto do vaginismo, apesar de ambos os fenômenos redundarem em impossibilidade de sentir prazer.

Embora um continente sem elasticidade possa sugerir magnanimidade e poder absoluto, observamos, com nossos pacientes, muito mais uma espécie de displicência nas funções de conter, algo feito, grosso modo, sem a atenção e o carinho devidos.

Um paciente respondia a qualquer tipo de comentários e interpretações: "É verdade, é verdade". A analista não o experienciava como sendo impenetrável, não sentia seus infindáveis "é verdade" como uma espécie de fortaleza ou paredão exercendo a função de rechaço. A fala da analista não parecia passar por um processo seletivo. Não percebia, na forma como seu paciente a recebia, movimentos de retenção e expulsão, característicos de um organismo cumprindo funções de absorção. O que era dito pela analista parecia acomodar-se em uma cavidade elástica demais; assim, qualquer conteúdo que tentasse ali se alojar tornava-se amorfo e indistinto.

As sessões geralmente iniciavam com certo entusiasmo por parte da analista, mas, diante dos constantes *é verdade* do paciente, sua capacidade de associar, formular ideias e comunicá-las ia como que perdendo a vitalidade e dando lugar a uma forte sensação de entorpecimento.

Não estamos apontando nada novo. Nossos pacientes, em maior ou menor intensidade, apresentam dificuldades de discriminar, de associar, de ser seletivos. Não raro, a experiência clínica atenta como que para um "desajuste" entre nossas interpretações e a forma como nossos pacientes a recebem.

Pareceu-nos frutífero, contudo, utilizar esse fenômeno de *inércia* para desenvolver um estudo mais detalhado a respeito de uma forma específica de continente, sua origem, propriedades e função.

I

Continente e contido são termos que Bion utilizou em seu livro *Aprendendo com a experiência* (1962a), embora esse conceito tivesse sido desenvolvido antes, em uma série de três artigos: "Sobre arrogância", de 1957 (p. 86-92), "Ataques ao elo de ligação", de 1959 (p. 93-109) e "Uma teoria sobre o processo de pensar", de 1962b (p. 110-119), todos eles reunidos no livro *Estudos psicanalíticos revisados* (1988).

Fundamentando-se nas elaborações de Melanie Klein a respeito do mecanismo de identificação projetiva, Bion (1962a) usa como modelo a ideia de um continente para dentro do qual um objeto é projetado; e o objeto que pode ser projetado para dentro foi denominado contido. Um método primitivo de comunicação da mente e que é o precursor do pensar, na medida em que é capaz de oferecer empatia e receptividade ao contido, poderá promover evolução do conteúdo sensório-somático (elemento beta) em elemento alfa (conteúdos mentais que possuem significado e podem ser utilizados para pensar). A esse processo desconhecido de transformação de elementos sensórios brutos em elementos utilizados na produção de pensamentos Bion (1962a) deu o nome de função alfa.

Vários psicanalistas se interessaram no estudo das funções de conter. Winnicott (1960) referiu-se à ideia de ser envolto por algo bom como "uma sensação de ser contido". Esther Bick (1968) equacionou-a em uma sensação de ser envolvido por uma pele que protege e abriga. Essa ideia também foi estudada mais recentemente por Anzieu (1985).

Assim, as funções de conter engendram tanto uma qualidade de abrigo (isto é, uma sensação de estar dentro de algo seguro), como uma sensação de coerência interna, promovendo a constituição de um mundo interno com limites (o continente) onde o sentido pode ser encontrado (contido).

Bion (1965) fala de possíveis perturbações no continente. Salienta um continente violento, voraz, invejoso, assassino e predatório. Um continente dominado por uma inveja determinada a possuir tudo o que os objetos que existem possuem, inclusive sua própria existência. Utilizando-se da grade, lança mão do sinal *çé* para indicar que forças estariam regendo um continente dessa espécie. O sinal *çé* indica movimentos (nos eixos vertical e horizontal da grade) do mais diferenciado em direção ao menos diferenciado. Tem a propriedade de indicar ausência de característica de duração ou posição e, portanto, ausência de existência. Indica uma força em constante movimento em direção à negação da vida, da verdade, das pessoas, das coisas, das emoções, uma força que, mesmo depois de aniquilá-las, continua destruindo a existência, o tempo e o espaço.

Seguindo esse pensamento, pode-se considerar o continente flácido um continente sob o domínio de forças que se movem em direção à aniquilação da verdade, do tempo, do espaço, do significado e da existência. Essa aniquilação é alcançada não por compreensão ou despojamento, mas por complacência, por inércia, por falta de firmeza para segurar o que existe, por falta de comprometimento com o que existe.

O continente flácido acomoda tão complacentemente tudo o que os objetos que existem possuem que, paradoxalmente, tudo o que ali se alojar deixará de existir. Esse processo pode culminar em uma identificação com tal objeto, e então surgir o paradoxo de o indivíduo existir suficientemente para sentir que não existe (Bion, 1965).

O chá maluco de *Alice no País das Maravilhas* sugere uma interessante metáfora para pensarmos esse espaço, sem tempo e sem espaço. Um mundo onde viver "num poço de melado e extrair melado do poço" é perfeitamente plausível; onde "eu gosto daquilo que consigo" é a mesma coisa que "eu consigo aquilo de que gosto"; onde basta "sussurrar uma palavrinha no ouvido do tempo e, num piscar de olhos, será a hora que quiser, por quanto tempo quiser, a mesma hora sempre".

Pensando o continente flácido em termos de imagens pictóricas, estas se aproximariam das figuras flácidas amolecidas e achatadas de Dalí. Os relógios moles, achatados, aderidos à superfície e se amoldando a ela quase que de forma absoluta. O violino e o piano se desprendendo do chão pelas mãos de uma mulher e se constituindo, ao se desgarrarem da superfície de sustentação, em uma massa amolecida, sem volume, sem espessura. O busto flácido se mantendo ereto à custa de alguns gravetos e cujo pescoço se amolda à base de sustentação de forma gelatinosa.

Os relógios moles pendem na pintura, em uma paisagem solitária, lembrando também, como assinala Gomez de Liaño (1982, p. 20), "um par de ovos fritos". "E os ovos fritos constituem, na imaginação de Dalí, a recordação mais antiga da vida pré-natal."

Essas considerações nos remetem a um segundo momento desse trabalho: como esse tipo de configuração de continente se estabelece como modo predominante de funcionamento? Mediante que circunstâncias o continente se estrutura de forma preponderantemente flácida?

II

Algumas ideias de Imbasciati (1990) têm nos ajudado a pensar a origem de um continente flácido. Esse autor sugere que, em uma protomente fetal, a primeira ideia da mãe muito provavelmente seria a de uma cavidade indiferenciada. Haveria uma predisposição da mente do bebê para considerar a mãe um saco que tudo contém, indistinta e indiscriminadamente. Essa predisposição da mente do bebê, adicionada à situação real do bebê ao seio, mais a situação de ter sido contido no útero (no saco e no líquido amniótico), resultam em uma representação muito rudimentar da mãe como *algo* que serve para alojar qualquer coisa.

Gradativamente essa "cavidade primitiva", segundo Imbasciati (1990), seria identificada com a barriga da mãe. A princípio, o bebê a conceberia como uma barriga onicompreensiva que abriga indiferenciadamente seio, leite, cocô, bebê, vísceras. Progressivamente, também, poderá, na mente do bebê, formar-se a representação da mãe como continente diferenciado: de um lado um mamilo que contém leite, de outro, uma barriga-intestino, de outro, ainda, uma barriga-bebê.

Esse processo de diferenciação está sujeito a perturbações. Por um lado, há a disposição inata do bebê à destrutividade, ao ódio e à inveja excessivos, como tão bem assinalou Klein. Algumas personalidades, sugere Bion (1959), não podem tolerar a capacidade da mãe de conter experiências que eles próprios não podem conter, provocando intensos ataques invejosos. Por outro, há o ambiente que pode negar ao sujeito a possibilidade de cisão e identificação projetiva (Bion, 1959) ou de oferecer um foco adequado de experiências perceptivas para promover coesão para o bebê, seja esse foco um mamilo na boca ou um objeto de visão (Bick, 1968).

A esse respeito, Winnicott (1967) salienta o fracasso materno em oferecer o próprio rosto como espelho. Assim, a apercepção assume o lugar da percepção, resultando em uma impossibilidade de descoberta de significado no mundo das coisas vistas. Se o olho da mãe é irresponsivo, então um espelho é algo a ser visto, mas para dentro do qual não se olha.

Recentemente, Colucci (1996),[5] baseando-se em Winnicott, salienta a função do pai no nascimento. O pai como facilitador ou não do desenvolvimento de um estado de elevada sensibilidade na mãe (nas semanas anteriores e posteriores ao parto). Um estado comparado a um retraimento esquizoide (uma doença, não fosse estar incidindo no período de gravidez) que propicia momentos de profundo contato visual, tátil e psíquico com seu bebê – "preocupação materna primária", segundo Winnicott (1956). Quando o pai, em vez de acolher e beneficiar esse estado inicial de

5 Palestra ministrada no Departamento de Psiquiatria da FCM-Unicamp, em outubro de 1996.

fusão da mãe com seu bebê, intromete-se, no sentido de interrompê-lo (e a mãe aceita passivamente essa interrupção), cria-se um momento de intermédio entre a mãe e o bebê. Um espaço vazio, próximo ao que Winnicott (1967, p. 130) enfatizou, citando um de seus pacientes: "Não seria horrível se a criança olhasse para dentro do espelho e não visse nada?"

Supomos um extremo desencontro entre pai-mãe-bebê; por um lado, um pai narcísico rivalizando com uma mãe que, preocupada com seus próprios pensamentos, não oferece resistência à invasão de seu território e, por outro, um bebê com forte intolerância à dor e à frustração; desse extremo desencontro originar-se-ia uma configuração flácida de continente. Uma estrutura derivada da protoimagem-cavidade indiferenciada que, além de não ter passado por um processo evolutivo no psiquismo, sofreu severa distorção.

Embora carregue dentro de si a propriedade de "abrigo", o continente flácido distingue-se do *modelo original* de onde se derivou, na medida em que não exerce uma armazenagem vitalizante. Não presta o importante serviço de armazenar os contidos ainda informes e indistintos à espera de uma ideia central organizadora.

Pelo contrário, o continente flácido se presta somente à desvitalização. Em vez de exercer funções de propiciar sentido e conexão à experiência emocional, promove analgesia e amorfia.

A ausência de vigor, firmeza e elasticidade do continente esvazia de significado o contido. Não por despojamento ou compressão, mas por inércia, por estar sob forças *çé* (Bion, 1965). Uma vez esvaziado de significado, o contido, desvitalizado e repetitivo, não é capaz de despertar vigor e interesse no continente. Instaura-se, assim, uma espécie de círculo vicioso, tendo como produto final o gradual e progressivo comprometimento da realização emocional, do sentido e do significado do que se vive.

Retornaremos ao paciente mencionado no início deste trabalho.

III

Quando procurou análise, L. estava com 17 anos. Um rapaz alto, magro, com postura e jeito de andar que fizeram lembrar um boneco de pano, desajeitado e amolecido. Sua pele era de uma textura fina e branca, como papel de seda.

Segundo a mãe, que o acompanhou durante a primeira entrevista, sempre foi um menino fechado, na escola ficava em um canto e não brincava com as outras crianças. Tinha muitos pesadelos e muitos medos durante a infância, que se suavizaram entre a idade de 7 e 12 anos, mas que tomaram a forma de pânico após esse período.

Levou mais ou menos um ano para falar aos pais a respeito. Chegava ao portão da escola, era invadido por um terror inominável e, então, batia em retirada. Voltava para casa, trancava-se no quarto e aconchegava-se na cama. Só saía de lá ao entardecer, quando os pais estavam voltando do trabalho.

Seu frágil senso de existência parece não ter sido capaz de tolerar as mudanças do período de adolescência. Possivelmente, refugiava-se em sua cama tentando recriar os momentos iniciais de sono da mãe com seu bebê, a partir dos quais pudesse adquirir um sentimento de existência, continuidade e realidade.

O mesmo parecia ocorrer na análise. Por meio do clima letárgico que foi se instalando nas sessões, parecia estar buscando o momento fusional a partir do qual pudesse ser concebido como um ser vivo, hígido e pulsante.

Rotineiramente, deitava-se no divã e dizia: "Hoje vou cortar o cabelo... Amanhã vou a uma festa... Meu pai está com enxaqueca... Meu avô não quer tomar banho... Minha namorada começou a estudar inglês...".

Essas frases se repetiam sessão após sessão, com pouca, quase nenhuma alteração no repertório. Eram ditas em intervalos de cinco, dez, quinze minutos entre uma e outra. Não parecia existir um elo dinâmico entre elas. Pareciam vagar em uma zona morta, indistinguíveis em si e entre si.

Prevaleciam, nesse paciente, formalismo e pragmatismo, talvez para dar conta de um senso de vitalidade e vivacidade que há muito haviam deixado de operar, se é que algum dia chegaram a operar em sua mente.

Certa vez, deitou-se calmamente no divã, como de hábito, e disse: "minha avó morreu ontem". Não disse mais nada. Ficou em silêncio por um longo tempo, a analista perguntou se era muito ligado à avó, se estava triste, ao que ele formalmente respondeu: "gente fica triste quando as pessoas morrem".

Durante a análise terminou o terceiro colegial e dizia querer ser advogado. Por quê? Não sabia responder. Tinha de cursar uma faculdade e a advocacia era uma boa profissão.

O seu querer era tão vago. Não parecia lhe pertencer, assim como ele mesmo não parecia pertencer ao mundo daqueles que ficam tristes quando perdem uma pessoa próxima. Apresentava-se quase que totalmente adormecido aos problemas e conflitos inerentes à condição humana.

Uma espécie de clone, pensou a analista durante um de seus encontros. Não parecia ter sido fruto de uma união sexual, desejos, sonhos... Parecia ainda não ter descoberto o mundo das coisas vivas e vistas: "se ensopava sozinho [...] e secava [...] e depois ardia ao sol [...] e se crestava em poeira [...]" (Lispector, 1969, p. 216).

Mas L. não experienciava, conscientemente, sentimentos de inércia, vazio e futilidade. Esses eram *criados* transferencialmente, no clima desvitalizado das sessões.

A analista foi se percebendo cada vez menos curiosa e sentindo cada vez mais o equivalente a uma perda das funções mentais. No decorrer da análise, passou também a experimentar, durante as sessões, uma forma de claustrofobia. Olhava para o relógio sem parar, contava os minutos, os segundos. Algumas vezes se pegou pensando em terminá-las antes do tempo.

A analista, na expectativa de um ser desejante que pudesse sonhar, brigar, cooperar, e o paciente, o reverso – mentalmente anoréxico, em um estado próximo ao sonambulismo, nem sono nem vigília, nem consciente nem inconsciente.

Um dia, a analista se deu conta também de que preenchia o tempo da sessão contornando imaginariamente as paredes e as janelas do consultório, as pás do ventilador, os cantos da mesa. Percebeu que essa experiência de "formatar" imaginariamente todos os objetos do consultório, incluindo portas, janelas e paredes, repetia-se em quase todas as sessões. Pôde, então, em algum momento, conectar essa experiência com uma necessidade de literalmente dar um sentimento de coerência, direção e sentido a um mundo privado de foco, contornos e elos de ligação.

Essas percepções trouxeram uma mudança profunda, no entendimento da analista, de muitos aspectos do comportamento repetitivo e desvitalizado do paciente nas sessões.

Em uma sessão, L. deitou-se e falou, como de costume, que precisava cortar o cabelo; que o pai, agora, estava chegando mais tarde em casa, pois ocorrera uma mudança de horário em seu trabalho; que a namorada estava estudando bastante para as provas; que a mãe estava resfriada; que na noite anterior se sentiu estranho novamente, com aquela sensação de estar pisando nas nuvens (referia-se a uma metáfora utilizada pela analista para descrever seus estados de desrealização).

A analista disse que L. parecia estar desejando que a análise pudesse lhe oferecer fortes elos de ligação entre ele e o pai, ele e o avô, ele e a namorada, ele e o seu cabelo que, de tempos em tempos, crescia e precisava ser cortado. Sem esses elos de ligação, sem poder perceber o que cada um daqueles fatos e aquelas pessoas tinham a ver com sua vida, com o que sentia, com o que pensava, caia em um mundo nebuloso, estranho e ameaçador.

L. ficou em silêncio por algum tempo e, então, disse: "Sabe, a dermatologista acertou o remédio para o meu cabelo, não está caindo mais e agora está mais cheio, até o meu pai já percebeu". A analista disse que L. se sentia mais volumoso quando acertavam ali na análise, quando podiam detectar, a partir do que ele ia dizendo, seus desejos, necessidades, dificuldades. Quando perdia essas conexões dentro de si, ficava como Sansão com os cabelos cortados, sem força, sem esperteza, sem vitalidade, sentindo-se estranho, pisando nas nuvens, ameaçado de cair em um espaço incapaz de lhe sustentar.

"O meu avô" – disse L – "está meio maluco ultimamente, meio bobo, sei lá, não fala coisa com coisa. Outro dia ele estava vendo TV e apareceu uma árvore de Natal e ele disse que quem trouxe a primeira árvore de Natal para a cidade havia sido ele. Eu lhe perguntei como isso poderia ter acontecido, já que a árvore de Natal datava de, no mínimo,

2 mil anos. Ele está meio louco, falando coisas que não têm nada a ver."

"Acho" – disse a analista – "que você está falando de uma outra maneira o que eu estava lhe dizendo. Quando você perde o contato com sua história, com os vários sentidos que ela tem dentro de você, quando não conecta mais uma coisa com outra, fica semelhante ao seu avô que, de repente, se esquece completamente de que a árvore de Natal data de, no mínimo, 2 mil anos. Passa, então, a acreditar que foi ele quem trouxe a primeira árvore de Natal para a cidade. E cai em um mundo maluco, onde uma coisa não tem nada a ver com outra, fica desnorteado, abobado, falando coisas que não têm nada a ver".

Recentemente, após mais ou menos quatro anos de análise, a analista percebeu uma variação no clima das sessões. Pela primeira vez na análise L. não iniciou a sessão da forma costumeira, com frases a respeito da mãe, do pai ou da namorada. Chegou dizendo que a mãe iria falar com a analista, pois estavam atravessando um período financeiro muito difícil e que teria, por um ou dois meses, de diminuir o número das sessões.

A princípio, relatou essa provável mudança na análise com sua formalidade habitual. E, então, após longo silêncio, disse: "Não quero diminuir o número das sessões. Disse para a minha mãe que abro mão da minha mesada e que posso ajudá-los nos negócios para que isso não ocorra".

Pela primeira vez há manifestação do desejo na sessão e tentativa de modificar, por meio de esforço próprio, uma realidade dolorosa.

Esse momento de abertura para um mundo onde as vivências emocionais puderam ser percebidas e comunicadas inaugurou uma série de outros, ainda fugazes e intercalados por muito "sono", mas onde L. vem podendo manifestar verbalmente o ser temeroso e em dificuldades: "Sabe, eu não aguento ser contrariado. Fico muito nervoso quando isso acontece. Tenho vontade de quebrar tudo ao meu redor".

Em uma sessão, L. mal se deitou no divã e pôs-se a falar. A analista quase não conseguia entender o que dizia: "Briguei com a minha namorada e o meu amigo deu razão para ela, fiquei muito bravo, fui para casa, tirei o rádio de dentro do carro, joguei no chão e ele se espatifou... Meu pai ouviu o barulho, saiu de dentro de casa, ficou muito bravo comigo, pegou o que restava do rádio no chão e jogou contra a parede, quebrou mais ainda".

"A intensidade de suas emoções e sensações te deixam muito assustado" – comentou a analista.

"Minha mãe" – disse L – "costuma dizer que se não sai do jeito que eu quero eu fico muito bravo e violento".

"Melhor, então" – assinalou a analista – "não querer nada; é muito arriscado querer e não conseguir o que quer".

"É, eu me sinto pior ainda quando, em vez de meu pai me ajudar, ele fica ainda mais bravo... Agora vou ter que ficar quase sem mesada para consertar o rádio".

Essa sessão traz alguns esclarecimentos a mais a respeito da dinâmica psíquica de L. Suas tentativas de saída de seus espaços informes e indistintos o arremessavam a representações internas que não acomodavam possibilidades de crescimento. Representações, por um lado, de um objeto interno que o aprisionava em ideias preexistentes e rigidamente preestabelecidas a respeito de si mesmo ("contrariado você fica bravo e violento") e, por outro, um objeto interno que concretizava a violência incontida, desenfreada, com destrutividade louca (a reação bombástica do pai ante a ira de L.). Sua mãe e seu pai forneciam uma locação externa de suas próprias tendências destrutivas que possibilitava muito mais cimentá-las que transformá-las.

Assim, o dilema de L. parece se configurar entre, por um lado, o refúgio a um continente que preservava seu frágil senso de continuidade à custa de analgesia e amorfia, resultando daí sensações de se dissolver em um espaço informe e infinito e, por outro, a exposição a um mundo encarcerado e despedaçado.

IV

O conceito de *continente flácido* arregimenta vários outros a respeito da dimensão autista da experiência psíquica. Coloca em evidência o modo de funcionamento quase completamente não mediado e não definido pelo simbólico, estudados clínica e teoricamente por Meltzer (1975), Meltzer *et al.* (1975), Tustin (1972; 1980; 1981; 1984; 1986) e Ogden (1989). Salienta a ansiedade predominante desse modo de experiência: a de uma iminente desintegração do "ritmo de segurança" (Tustin, 1986), a sensação de um cair sem fim, de escoar, vazar, dissolver-se em um espaço informe e infinito (Bick, 1968).

Um perigo sempre presente, aniquilante, de perder o contato com a realidade por causa da existência de certa capacidade para suspender a atenção e as emoções (Meltzer *et al.*, 1975) mediante o recurso passivo de permitir que os diversos sentidos, específicos e gerais, internos e externos, passem por um processo de desvitalização constante. Semelhante ao deixar que uma parede de ladrilho se despedace pela ação do tempo, musgos, fungos e insetos, por não ter sido reforçada com cimento (Meltzer *et al.*, 1975).

O conceito de continente flácido abrange, também, o processo de eliminação da noção de tempo e de espaço, e o consequente estado de analgesia e amorfia presente nesses estados mentais de funcionamento (Meltzer *et al.*, 1975; Ogden, 1989). Sentimentos de inércia, vazio e futilidade preponderam nesse tipo de organização psíquica, embora não sejam experienciados conscientemente, mas *criados* transferencialmente no clima desvitalizado da relação. Clinicamente, esse fenômeno se faz notar pela forma complacente com que o paciente recebe as interpretações do analista. Os constantes "é verdade" de L. deixavam as interpretações do analista sem utilidade, repetitivas e vazias. Pode também acontecer de o paciente tentar manipular, levando a interpretações de forma que a sessão seja utilizada para reassegurar a negação da completa ausência de significado, e então prover reasseguramento contra o terror de que todo o significado, todos os tipos de significados, foram aniquilados.

A partir do modelo evolutivo, consideramos o continente flácido parte de um momento do desenvolvimento psíquico, mas que se tornará patológico caso essa forma de experiência psíquica se torne hipertrofiada e enrijecida.

O manejo rígido e hipertrofiado da flacidez do continente mostra, como evidenciou a dinâmica psíquica de L., um impedimento para avançar além do sensório-somático. Parece possível que seja a partir desse momento evolutivo que um continente aquiescente e delimitador tenha sua importância específica. Além de não haver um avanço em direção ao simbólico, o mundo sensorial acaba também se descaracterizando, não podendo ser utilizado, como assinalou Ogden (1989), como um "assoalho sensorial" a partir do qual as experiências de qualidades de subjetividade, historicidade e riqueza de significado simbólico possam se desenvolver.

A noção de uma configuração flácida de continente nos levou também a algumas reflexões estimulantes: seria o continente flácido um rudimento, reservas mentais primitivas, trazidas pela filogênese? Um fóssil da história do aparelho mental?

Os sentidos simbólicos de algumas palavras, frequentemente utilizadas para descrever estados primários da mente, a expressão simbólica de palavras como "vazio", "informe", "indiferenciado", "nebuloso", descritos no *Dicionário de símbolos* de Chevalier e Gueerbrant (1982), incitam reflexões interessantes sobre os primórdios do psiquismo.

Esvaziar-se, no sentido simbólico que os poetas e místicos dão a essa expressão, significa libertar-se do turbilhão de imagens, desejos e emoções; é escapar da roda das existências efêmeras, para só sentir a sede do absoluto.

É o caminho que vai em direção ao interior, o caminho da verdadeira vida. É uma energia, um ato soberanamente imanente... o ato da abolição do ato. Mas, no plano imaginário, a palavra "buraco" é mais rica de significado que o simples vazio: é repleto de todas as potencialidades daquilo que o preencheria ou que passaria por sua abertura; é como a espera ou a súbita revelação de uma presença. É do buraco aberto por uma machadada de Hefestos no crânio de Zeus que sai a deusa da inteligência, Atena. O buraco pode ser simbolicamente considerado o caminho do parto natural da ideia. Entre ele e o vazio há a mesma diferença que entre a privação e o nada. Essa distinção é tão verdadeira que o buraco aparece como símbolo de todas as virtualidades.

Na Antiguidade greco-romana, é a palavra *caos* que simboliza a personificação do vazio primordial, anterior à criação, ao tempo que a ordem não havia sido imposta aos elementos do mundo. Essa noção corresponde à mencionada em Gênesis 1,2: "Ora a terra estava vazia e vaga, as trevas cobriam o abismo, o espírito de Deus pairava sobre as águas". As trevas sobre o abismo são na mesma medida dos símbolos da indiferenciação, do inexistente, bem como de todas as possibilidades, até mesmo das mais opostas. Na cosmogonia egípcia, o caos é uma potência do mundo informe e não ordenado... que envolve a criação ordenada assim como o oceano envolve a Terra. Existia antes da criação e coexiste com o mundo definido e diferenciado, do qual parece ser o invólucro e uma espécie de imensa e imortal reserva de forças, em que as formas se dissolverão no final dos tempos.

Na tradição chinesa, o caos é o espaço homogêneo, anterior à divisão em quatro horizontes, que equivale à divisão da fundação do mundo. Essa divisão marca a passagem ao diferenciado e a possibilidade da orientação. Ser desorientado significa tornar a entrar no caos. Dele não se sai senão pela intervenção de um pensamento ativo, que introduz contornos e separação no elemento primordial.

Para a análise moderna, o caos simboliza a derrota do espírito humano diante do mistério da existência. O caos precede a própria formação do inconsciente. Equivale à protomatéria, ao indiferenciado, ao informe, à total passividade a que fazem alusão as tradições platônicas e pitagóricas.

Em sânscrito, a palavra *ghana* (nuvem) designa o embrião primordial. Trata-se de um elemento compacto, não diferenciado. No esoterismo islâmico, "nuvem" (*al'amã*) designa o estado primordial de Alá, incognoscível e anterior à manifestação, que oculta a luz que eventualmente brota das trevas humanas, já que os sentidos do homem não suportariam o esplendor. A nuvem simboliza a metamorfose viva, não por suas características, mas pelo seu próprio devir.

Articulando as constelações simbólicas das palavras acima mencionadas, o *continente flácido* pode ser definido como uma estrutura específica de continente-contido em movimento e transformação, em uma relação específica em que o contido é desvitalizado e cujo produto é um estado de analgesia e amorfia. A ação do continente é passiva, apresentando-se maleável a ponto de não servir efetivamente de delimitador.

3

O continente autotélico: alguns aspectos de uma dinâmica saturante[6]

As ideias apresentadas neste trabalho foram surgindo a partir da experiência clínica com H., uma mulher de 30 anos que me procurou seis anos atrás, após um episódio de surto psicótico e subsequente internação. Quando a encontrei, mais ou menos um ano após esse fato, estava encerrada em um sistema delirante que envolvia um rapaz que mal havia conhecido durante estágio em uma multinacional. Basicamente, o delírio de H. remetia-se a esse homem poderoso e fantástico, que viria buscá-la a qualquer momento para com ela se casar.

A princípio, e por mais ou menos três anos, H. apresentava-se com um espaço mental quase que totalmente preenchido

6 Trabalho publicado na *Revista Brasileira de Psicanálise*, v. 33, n. 2, p. 283-296, 1999.

por delírios. Suas vivências e experiências, atuais e passadas, pareciam estar todas elas concentradas em um único ponto e um único referencial: seu repetitivo e simplório delírio. R. viria buscá-la, R. estava lhe enviando sinais de conforto ou de desprezo, mandando mensagens, indicando que não deveria se interessar por nenhum outro homem, assinalando sua presença por meio do olhar ou sorriso de um estranho...

Parece-me interessante investigar o espaço psíquico de H. levando em conta quais as características, qual a função, que tipo de relação estabelece com o contido, um continente gerador de transformações que tendem a um alto grau de saturação (vivências delirantes, delírios, alucinações).

Para melhor delimitá-lo, resolvi dar-lhe um nome, batizá-lo. Pensei inicialmente em um continente inflexível, rígido, ou talvez autígeno, autofágico ou mesmo automorfo. Pesquisando o significado dessas palavras, deparei-me com o termo "autotélico", derivado do grego *autoteleia*, que significa "perfeição própria".

Autotélico é o que "não tem finalidade ou sentido além ou fora de si próprio". A partir daí resolvi, tendo como referência a experiência clínica com H., investigar as características de um *continente autotélico*, ou seja, um continente cujas transformações são desprovidas de sentido ou finalidade além ou fora do próprio continente que as gerou. Uma estrutura esgotada em si mesma e, como diz Fábio Herrmann (1998), quase totalmente "imune ao desengano de sua produção final". A modo de um peão, movimenta-se freneticamente para manutenção da própria estrutura.

No decorrer deste trabalho, essas ideias serão mais bem exploradas e investigadas.

O continente autotélico

Durante estágio em uma multinacional, quando tinha uns 20 e poucos anos de idade, H. começou a desenvolver um delírio que envolvia um homem que trabalhava nessa empresa. Mal conheceu esse homem, mas, talvez impossibilitada que estava de viver as demandas provenientes do início de uma vida sexual e profissional, transformou-o em uma espécie de Deus, anjo da guarda, e também em um perseguidor em potencial.

Para ela, R. é possuidor de muitos dotes, de uma herança fantástica. Um dia virá buscá-la e pedirá sua mão em casamento. Enquanto isso não acontece (H. precisa "melhorar"), R. acompanha de longe todos os seus passos. Coloca pessoas interessantes em seu caminho, para distraí-la, arranja situações em que H. irá se encontrar com jovens mães e seus filhos, para que ela vá assim se acostumando com a ideia de com ele se casar.

Esse homem magnífico, segundo H., dá indicações de sua existência a partir de pequenos sinais: por meio do sorriso de um estranho, de uma estrela cadente vista na madrugada, de uma música solicitada no rádio, de um trecho da novela. Tudo é confirmação desse ser fabuloso.

Todos sabem, delira H., do imenso amor de R. por ela. Assim, nenhum homem se aproximará dela com intenções de namoro ou de casamento. Todos estão convencidos de que ela só poderá ser dele e de ninguém mais. Se o carro quebra no meio da rua, foi R. quem planejou isso para evitar um mal maior. Se alguém a olha na rua por um tempo maior, é porque sabem de sua história. Se alguém diz que ela é bonita, é R. que está lhe mandando essa mensagem.

No entanto, se a princípio seu delírio a acalma, em seguida, H. começa a ficar em estado de intensa tormenta. Não se acha digna do amor de R., e mais, todos sabem disso e não conseguem entender por que um homem tão fabuloso se apaixonou por uma pessoa "tão nada" como ela. Assim, a sensação de alívio, causada pela crença de ser amada e protegida com tamanha convicção, em fração de segundos, era transformada em intensa agonia, causada pelo sentimento de ser tão desmerecedora.

Demorou mais ou menos três anos para H. se sentir à vontade para ir contando, sessão após sessão, a forma como ocorrem seus delírios, em que ocasião aparecem. A princípio, como relatou em uma sessão, achava que se me contasse tudo o que vinha em sua cabeça a respeito do R., eu iria dizer que era louca e deixaria de atendê-la. Nessa ocasião e em muitas outras tratei de conversar com H. como, por meio de seus delírios, ela me fala de expectativas de encontrar alguém que a ajude a se livrar da terrível sensação de não ser ninguém, de seu desejo de ter alguém por quem possa esperar, um ponto de referência, alguém que conceda sentido e significado para sua existência.

Com o tempo, H. foi se sentindo mais à vontade para trazer as produções de sua mente agoniada. E fomos percebendo, por exemplo, que, quando ela começa a se sentir atraída por algum homem ou quando tenta retornar aos estudos ou quando se reencontra com as amigas que, segundo ela, estão em melhores condições que as suas (trabalham, têm namorado ou estão casadas e com filhos), seus delírios, como diz H., ficam à toda.

Situações de dúvidas, de incertezas, de ciúmes, de inveja, situações eróticas ou de desamparo são imediatamente anuladas por seus delírios. H. se defende de experiências psíquicas dolorosas por meio de seus delírios, mas estes parecem exercer também uma função organizadora. Certa vez, H. disse: "Se eu não tivesse inventado toda a história com R., acho que teria enlouquecido de vez, eu estava tão atormentada, tão atordoada, que até pensava em me matar. Essa história toda que eu inventei foi um equilíbrio dentro de um desequilíbrio".

Durante a análise, após ter se encontrado com um moço e trocado algumas carícias, H. relatou que, ao chegar em casa, foi tomada por uma sensação terrível de confusão e vertigem. "É como se estivesse" – disse – "no miolo de um redemoinho, uma sensação terrível, que cessou somente quando comecei a pensar que R. logo viria me buscar".

Penso aqui nas ideias de Grotstein (1997) a respeito do inconsciente, assim como Matte-Blanco o formulou:

> um dos sintomas mais problemáticos no esquizofrênico é sua tendência a *hiperinclusão*, ou seja, uma falha em *coletar* e priorizar informações. Imagine-se recebendo informações. Imagine, então, que cada item em um pacote de informações automaticamente induz um hipertexto. Então, imagine que cada hipertexto induz ainda um outro hipertexto *ad infinitum*. Essa é a forma de descrever a "sobrecarga" de uma experiência psicótica de um esquizofrênico. Como o infinito – fantasias de uma proliferação infinita de protoafeto ou qualidades – torna-se fonte de profundo terror (Grotstein, 1997, p. 635-636).

* * * * *

Tendo a pensar o universo psíquico amparada no modelo de ♀ ♂, proposto por Bion. Uma estrutura, a meu ver, ativa, dinâmica e com diferentes graus (para cada indivíduo e em diferentes momentos da existência) de flacidez, rigidez, fidedignidade e precisão.

O conceito de uma envoltura psíquica que acolhe e conforma os conteúdos, engloba várias noções: "um saco que contém, uma borda que delimita, uma interface que põe em contato as duas realidades que separa, uma fronteira que filtra a evolução, uma esfera autossuficiente" (Anzieu, 1985, p. 101).

Um continente psíquico acolhe, delimita, filtra, promove trocas e possui também, como sugeriu Bion (1962a), propriedades transformadoras. Por meio da função alfa as experiências emocionais e sensoriais brutas (elementos beta) podem ser elaboradas e transformadas em elementos que possam ser utilizados para pensar (elementos alfa). Nos primórdios do desenvolvimento psíquico, é uma outra mente (geralmente a mente da mãe) que deverá acolher, delimitar, transformar. Se tudo correr bem, esse processo pode ser introjetado e dar origem a continentes internos das próprias experiências sensoriais e emocionais.

Um continente que gera predominantemente transformações que tendem à saturação (vivências delirantes, delírios) produz falhas no processo de conter-transformar-criar. Falhas provenientes da própria constituição do sujeito (inveja e voracidade de alta malignidade, como sugeriram Klein e Bion) e/ou falhas no meio ambiente. Continentes externos imperturbáveis e abortivos, continentes externos flácidos e desvitalizadores (Adamo & Lamanno-Adamo, 1997) são mortíferos para o desenvolvimento de condições de pensabilidade.

Chama a minha atenção, ao longo do trabalho com H., suas tentativas vigorosas de organizar, uniformizar e dar coesão a suas vivências psíquicas. H. foi desenvolvendo ideias cada vez mais minuciosas a respeito de R., conectando-o de forma cada vez mais abrangente a suas necessidades e afetos (uma forma de organizá-los, mas também de não percebê-los e reconhecê-los em sua significância). A tal ponto que suas produções mentais deixaram de ter qualquer finalidade ou sentido além ou fora de si própria. H. deixou de trabalhar e de estudar e cortou o contato com os amigos e parentes. Sua existência limita-se, salvo alguns períodos, a entreter-se com os prazeres e agonias em relação a suas próprias produções mentais.

Nesse sentido é que penso a existência de um *continente autotélico*, ou seja, um continente gerador de transformações cuja finalidade é esgotada na própria criação mental. Um continente vigoroso quanto a sua capacidade transformadora, porém precário em precisão e fidedignidade. As transformações geradas por um continente autotélico ocorrem, como já assinalaram Freud e os psicanalistas que se dedicaram a estudar a psicose (Klein, Segal, Rosenfeld, Bion), à custa de recusa ao teste da realidade (interna e externa).

As tentativas de transformação e de reconstituição, no aparelho psíquico, dos objetos libidinais perdidos e abandonados ou que nunca puderam ser satisfatoriamente estabelecidos – tentativas, provavelmente, de evitar que haja um estilhaçamento do próprio aparelho psíquico – são efetuadas com base em uma recusa ao teste da realidade.

As transformações geradas por um *continente autotélico* são efetuadas sem compromisso algum com a veracidade do que se criou. É um continente inflexível, um continente que não se dobra, não se curva à realidade. Assim, seu processamento é impreciso e, em longo prazo, bizarro. Elementos provenientes do eu acoplados a elementos do objeto, pedaços de realidade enxertados a pedaços de fantasia, fragmentos de vida atrelados a fragmentos de morte, como se todos pertencessem a uma mesma categoria, sem respeito às particularidades que os compõem.

Um continente que não se curva ao teste com a realidade acaba gerando transformações autotélicas. Ou, como sugeriu Bion (1965), transformações inteiramente independentes de qualquer coisa ou de qualquer pessoa que não sejam seus próprios produtos, graças à capacidade do paciente em satisfazer todas as suas necessidades a partir de suas próprias criações. Essas criações, segundo o autor, são resultados de sua suposta habilidade para usar seus sentidos como órgãos de evacuação que estão aptos a envolvê-los com um universo gerado por ele próprio.

Segal (1994) esmiúça a passagem da fantasia ao delírio. Essa autora sugere que a fantasia

> é como uma hipótese carregada de desejo que está sendo constantemente cotejada com a realidade. Quando as fantasias permitem ao menos alguma percepção de um objeto separado e dos sentimentos em relação a eles, há, nas fantasias, uma atitude adequada com o mundo que permite repetidos testes com a realidade. Mas se a fantasia é onipotente, o desejo desaparece e a fantasia torna-se um delírio (p. 45-46).

É então o teste com a realidade, como sugere Segal, que cria um mundo onde há considerações de probabilidades. Essa seria a base do pensamento flexível e da ação racional. A racionalidade precisa da imaginação, pontua a autora, mas sem uma capacidade implícita para o teste da realidade, o que seria imaginação torna-se um delírio ou um devaneio baseado em delírios.

*****

Em alguns períodos da análise, H. tem se mostrado interessada e curiosa a respeito de si mesma. Rememora fragmentos da relação com os pais, avós e irmã. Mostra interesse em saber sobre seu "surto" e o porquê de isso ter-lhe ocorrido.

Nesses períodos, estruturas que – ao modo de células cancerígenas – já não obedecem mais às leis que regulam o organismo vivo, tentam voltar à baila para serem repisadas, configuradas, significadas. Tarefa complexa. O mundo das alucinoses, como diria Resnick (1994, p. 41), "é uma selva viva onde habita a fantasia em estado de enigma".

Durante os seis anos de análise, H. tem tentado, lenta e gradativamente, reingressar nos domínios do desejo. Retorna à escola, procura os amigos, certa vez arranjou um namorado. Entretanto, mediante as experiências de frustração (brigas com o namorado, dificuldades no estudo), a onipotência toma novamente o lugar do desejo e a mente de H. imediatamente passa a funcionar de acordo com seu *velho* sistema. "Você é uma picareta", diz H. nesses momentos: "Não adianta fazer análise, você só quer me enganar para que eu continue fazendo o papel de boba. Não adianta querer namorar, R. vai impedir qualquer aproximação minha de um outro homem. R. gosta de mim e vem me buscar".

Tentativas de acesso a esse "mundo estranho, de violências inimagináveis, de valores invertidos, tempo, espaço, limitações inexistentes, de lógica desconhecida do nosso mundo racional" (Andreucci, 1970), provocam em H. ódios e angústias terríveis.

Como se tivesse perdido o ponto referencial e se sentisse caindo no caos, H. agarra-se com todo vigor ao seu alucinante objeto-fetiche, desmantelando os elos de conhecimento em favor de um sistema que lhe garante, alucinadamente, a onipotência e a onisciência.

Outro campo do conhecimento científico ajudou-me a pensar os dinamismos de um continente autotélico. Lendo, dia desses, um artigo na *Folha de S.Paulo* (Croswell, 1997), conjecturei se as estruturas delirantes não funcionam à maneira de uma galáxia canibal.

Houve uma época, diz o artigo, em que os astronautas acreditavam que as galáxias raramente interagiam. Mas, em 1972, o astronauta Alar Toomre criou modelos computadorizados que deram razões para acreditar que várias galáxias peculiares devem suas características incomuns à colisão. Atraídas pela enorme gravidade da Via-Láctea, galáxias pequenas são despedaçadas, espalhando suas estrelas pela enorme auréola da galáxia gigantesca. Recentemente, têm surgido mais provas de que nossa galáxia, verdadeira canibal cósmica, já despedaçou dúzias de outras impiedosamente, tomando a si outras estrelas e aumentando ainda mais o seu poder (Croswell, 1997).

Quem sabe no universo psíquico ocorra algo semelhante. Estruturas de maior densidade *jantam* estruturas ainda em formação, à maneira de uma galáxia canibal, aumentando ainda mais seu poder. Especulo se os sistemas delirantes não funcionam ao modo de uma galáxia canibal. Semelhante a um moto-contínuo, e com um alto poder de coesão e convergência, tendem a *jantar*, quase que de imediato, qualquer novo elemento que possa surgir, acoplando-o à criação mental previamente organizada.

No trabalho com H., vejo-me constantemente a enfrentar a força e o poder de suas transformações autotélicas. Minhas falas, pontuações, comentários e interpretações, ou seja, estruturas mais *novatas* em seu universo psíquico, tendem a ser *jantadas* por sua galáxia delirante. Formas primárias, quem sabe, de acolhimento e sustentação de um continente mostrando o vigor de sua força centrípeta, para daí, talvez, renascerem estruturas substitutivas. Essas considerações estão muito próximas, penso, das ideias de Meltzer (1978a) a respeito de uma canibalização dos elementos alfa ou de pensamentos oníricos, quando uma função alfa opera em reverso.

* * * * *

Conceituar a partir da clínica, a partir de sintomas, acaba também desvendando *normalidades*. O sintoma, semelhante a uma lente de aumento, coloca em evidência, exagera, manifesta, por vezes, o que há de oculto no funcionamento psíquico dito normal.

Uma *continência autotélica* pode ser vista não como uma forma outra de sustentar e transformar conteúdos, mas uma forma patológica completamente distinta das consideradas *normais*. Em uma *continência autotélica*, propriedades essenciais do continente, tais como adesão, coesão, convergência, expressividade e continuidade são levadas às últimas consequências, às raias do absurdo.

O delirante, diz Fábio Hermann (1998), ambiciona representar todas as coisas, pessoas e ocorrências como sistema explicativo único. O delírio, diz o autor, é uma espécie de meio-dia da alma, não há zonas de sombras.

Um verdadeiro contador de histórias sai-se com mentiras absurdas, inverosimilhanças, conta mentiras do modo mais convincente possível, mas, ao mesmo tempo, levanta objeções a elas. Há em qualquer contador de histórias, mesmo naqueles que querem enfeitiçar e engabelar com histórias de assombrações, um compromisso com a verdade.

MacBeth não é o resultado de um momento de despersonalização de Shakespeare, e sim da capacidade do dramaturgo de viver integralmente o personagem, tanto em seu caráter como na situação dramática em que ele se encontra. A criação dramatúrgica não implica a substituição do autor pelo personagem. Escrita a obra, os personagens – esses fantasmas – abandonam o autor e se transferem para o texto escrito. Terminada a obra, o autor livra-se de seus personagens, exorciza-os. O artista pode, contudo, depois disso, assim como acontece com qualquer outra produção psíquica, saber mais a respeito das coisas nas quais acredita, reforçar as qualidades nobres que porventura tenha, lamentar os defeitos e limitações, enfim, ampliar a visão de si mesmo e do mundo, suas aspirações e temores.

Na produção delirante, os personagens não abandonam o autor, não habitam os sonhos, eles habitam o autor. Eles são o autor. No delírio, não há linhas demarcatórias entre continente e conteúdo, entre o criador e a sua obra. Terminada a obra, os personagens não abandonam o autor e se transferem para o texto. Nos delírios, continente e conteúdo já não se diferenciam, são um só elemento, um ponto ou, quem sabe, buracos negros do universo psíquico. O delirante, já disse Jung, se afoga lá onde o artista mergulha com mestria. Mas mestria não é algo que ocorre de um golpe só, em um segundo, como um relâmpago, mas uma energia que se acumula lentamente, que progride passo a passo.

Nesse sentido, um *continente autotélico* pode ser a manifestação de uma estrutura nos primórdios de sua evolução e, portanto, denunciando *erros* comuns a qualquer aprendiz novato em seu ofício. Ingenuidade demasiada, perfeccionismo exagerado, minucioso detalhamento, ordenações exaustivas; redundando em uma “completude estagnada”

(Herrmann, 1998) que não deixa resíduos para novas combinações, tampouco promove sistemas associativos cada vez mais complexos que dão ao pensamento parte de sua força. Caso esses erros não levem à aprendizagem, pode haver o desenvolvimento de uma espécie de, como diz Gardner (1997), "artrite estética, uma doença que acaba em rigidez pedante e em atrofia da intuição".

Mas, quem sabe, esse é o tipo de continência necessária para vivências muito remotas que ameaçam de estilhaçamento um eu ainda nos primórdios da formação. Em uma tentativa desesperada diante da ameaça de destruição total, o *continente autotélico*, em uma sabedoria incompreensível para o mundo lógico e racional, organiza e protege a vida, a seu modo. Organiza e comanda defesas psicóticas, dando primeiras formas em direção à pensabilidade. Uma espécie de *container* de elementos radioativos, elementos betatransformados em amálgamas de loucura, violência, sexualidade.

O caráter lacrado das paredes desse tipo de continente, sua capacidade de criar uma *neorrealidade*, de soldar interstícios, parecem, de certa forma, garantir que não haja cataclismas, desastres de enormes proporções. Providências, talvez, fundamentais para diminuir, por meio de isolamento e selamento, a periculosidade de elementos altamente explosivos. Uma continência que não pôde ainda alcançar certa mestria, no entanto, capaz de manter isolados elementos, quem sabe, à espera de *reciclagem*.

* * * * *

Em uma sessão, em maio de 1998, H. comenta que seus pais não a ajudaram a reconhecer que R., de fato, nem sabia de sua existência. Diz, em seguida, que a psicóloga que havia procurado sete anos atrás, também não: "Pelo contrário, disse H., ela até comentou que R. poderia mesmo estar pensando em se casar comigo... Todos embarcaram no meu delírio... Eu gosto" – continua H. – "embora às vezes fique muito brava com você, eu gosto quando você me ajuda a pensar que o R. existe, de fato, só na minha fantasia".

Fica em silêncio por alguns minutos e, então, prossegue: "Hoje de manhã, na biblioteca [há alguns meses H. está trabalhando na biblioteca da escola onde o pai é diretor], me pediram para catalogar e registrar alguns livros; tive de separá-los em diversas categorias: literatura brasileira, portuguesa, estrangeira, teatro, contos, novela, cinema etc. e registrá-los... Tem um código internacional para registro de todos os livros, senão vira uma bagunça".

Faz uma pausa e comenta que, no dia seguinte, iria ficar sozinha na biblioteca... que estava com medo disso, que sozinha ainda se atrapalhava e que no dia anterior um aluno havia arrancado a peça do bloco que segurava as folhas que continham informações sobre os livros já catalogados e que estava com medo de que, soltas, fossem se espalhar e se perder.

Aponto-lhe que gostava do nosso trabalho de *bibliotecárias*, que gostava quando conseguíamos colocar em diferentes categorias o que sua mente produzia, o que era fantasia e o que era realidade, senão, salientei, vira uma bagunça. Acrescentei, ainda, que tinha medo de que sozinha, sem minha ajuda, tudo o que vínhamos sabendo a respeito dela iria ficar solto, se espalhar e se perder.

H. fica quieta por algum tempo e então relata-me que, naquele momento, tinha a nítida sensação de que estava saindo de um surto ocorrido em fevereiro de 1991: "minha mente já não está tão tumultuada, mas eu ainda tenho muito medo, tenho medo de enlouquecer de vez".

Em junho de 1998, eu estava olhando pela janela do consultório e vi H. chegando para sua sessão. Estacionou o carro, saiu afobada, arrumou o vestido, olhou o relógio e atravessou a rua apressada. H. sempre vinha com sua mãe, que a esperava até o término da sessão, mas naquela tarde ela estava sozinha e, enquanto a observava pensei: "Imagem tão distante, essa, daquela 'meninazinha' aflita, desesperada, andando sem parar pela minha sala e implorando para que eu a ajudasse a não enlouquecer de vez".

H. deita-se no divã e diz, sorridente, que viera sozinha e dirigindo: "É" – diz ela – "Antes eu parecia um tatu... de quatro, escondida debaixo de uma couraça".

Fala, então, de seu desejo de retornar à faculdade e talvez cursar História. Diz que sua irmã, que é bibliotecária, havia lhe aconselhado quanto a isso... Que o curso de biblioteconomia estava ultrapassado, ensinava formas de indexação que hoje já haviam sido substituídas pelo computador. Menciona estar gostando muito do trabalho na biblioteca e que nem via a hora passar. Refere ter cometido um erro com um aluno, mas que a "barra não havia pesado", pois reconheceu que havia errado, pediu desculpas e ajudou o garoto a tirar cópias do material de que necessitava.

Em seguida, e após breve pausa, H. comenta sobre um moço que encontrou na igreja: "eu acho que, quando eu passei, ele disse 'que gata', mas não tenho certeza disso. Sabe, depois de ter delirado tanto... eu percebi, outro dia, que nunca deixei de delirar, e depois de ter percebido isso, passei a não ter certeza de nada".

Aponto-lhe que, talvez, estivesse suportando melhor situações de dúvida, sem saber se algo ocorreu de fato ou não, embora quisesse muito ter ouvido "que gata".

H. faz uma pausa e prossegue: "Sabe, eu me atrasei hoje porque fui comprar um batom antialérgico. Eu tenho alergia a todos os batons, minha garganta fica irritada e o meu nariz começa a escorrer, como se estivesse com gripe. Uma colega de ginástica me falou de um determinado batom e, de fato, não me deu alergia".

Comuniquei-lhe que já não estava tão alérgica a dúvidas e enganos, que já não reagia a suas sensações e sentimentos fabricando um mundo cheio de certezas, transformando sua mente em um nariz hiperativo que não parava de escorrer.

*****

Alérgica a dúvidas e enganos, H. mantinha-se sob o domínio de um superego primitivo (Bion, 1965), somatória psíquica de curiosidade, arrogância, inveja e estupidez, que repudia o aprender com a experiência. Uma espécie de juiz delinquente, que não intermedia a realidade psíquica e a realidade externa com compaixão e solidariedade, mas com tirania, enredando H. "em um pântano melancólico, nas exaltações do triunfo maníaco, nos jogos de excitação sadomasoquista" (Sapienza, 1999).

Na medida em que H. manifesta sua apreciação (esboço de gratidão?) em relação à minha função de *bibliotecária*, ajudando-a a discriminar, catalogar e registrar suas experiências emocionais, evidenciam-se, parece, transformações significativas em seu superego primitivo. O fato de ter considerado os conselhos da irmã e de sua amiga, e de estar trabalhando na escola onde o pai é diretor, levam-me a pensar em modificações nesse sentido: esboço de introjeção de um superego que promove crescimento e colabora com o seu desenvolvimento.

Assim, na medida em que a estrutura psíquica superegoica primitiva de H. vai podendo ceder lugar a um superego colaborador, H. parece capaz de renunciar a sua forma ultrapassada de indexação (organização alucinatória e onipotente dos fatos psíquicos, dos fatos provenientes da realidade externa, dos fatos conscientes e inconscientes). E começam a surgir indícios, na análise, da formação de um continente capaz de exercer função de discriminação, catalogação, registro e transformação dos contidos.

* * * * *

Na sessão seguinte àquela em que H. havia mencionado sua "descoberta" do batom antialérgico, deita-se no divã e diz: "não quero que você fique chateada, mas hoje será nossa última sessão". Salienta sua certeza de estar curada e de que a felicidade que sentia era prova disso. Menciona qualquer coisa a respeito da igreja que estava frequentando e de ter chegado a chorar de felicidade.

A fala de H. chega até mim com o efeito de uma bomba. Faço um enorme esforço para me recuperar, para organizar algum pensamento a respeito do que acabara de me dizer. Após alguns minutos de silêncio, convido H. a pensarmos juntas sobre sua vontade de interromper a análise de forma tão abrupta. H. responde que já havia tomado sua decisão e que aquela seria sua última sessão. Convido-a novamente a refletir sobre seu desejo, arriscando dizer-lhe que poderia estar com muito medo de que a análise pudesse arrancá-la de seu estado de felicidade. "Eu sei" – afirma H. – "que vou trabalhar, casar, ter filhos e nada poderá impedir que isso aconteça".

Sob o efeito de sua fala, fui me sentindo cada vez mais atordoada, temendo os efeitos desastrosos de um corte abrupto na análise. H. mantinha-se muda no divã, enquanto minha mente era inundada por fragmentos de ideias: *aborto... feto malformado... inundações... catástrofes... fórceps* (lembrei-me, então, de que H. havia nascido a fórceps).

H. permanece silenciosa até o final da sessão, deixando-me com um sentimento crescente de impotência e inutilidade. Ao levantar-se do divã para ir embora, H. pega vagarosamente sua bolsa, tira dela o cheque correspondente ao pagamento das sessões e me entrega.

Após a saída de H., fui invadida por um profundo sentimento de vazio e desalento. Sentei-me na escrivaninha, peguei uma caneta, um papel em branco e pus-me a relatar a sessão. Uma tentativa a mais de organizar algum pensamento a respeito do que acabara de ocorrer.

Lembrei-me, então, de um trabalho de Judith Andreucci (1968, p. 299): "naquele instante que nos separamos, pareceu-me que, para ela, continuar o caminho para a luz seria o desastre, interrompê-lo, a sobrevivência". Essa lembrança me remeteu a outro trabalho da autora no qual ela considera falsos progressos na análise e os vincula aos malabarismos da pulsão de morte: "o objetivo desses pacientes seria, inicialmente, ressuscitar o morto através de um analista ilusoriamente eficiente, para, em seguida, seduzindo o analista através do falso crescimento, transformá-lo no objeto morto interno, e ainda, depositário da parte homicida persecutória" (Andreucci, 1970, p. 595).

Um mês após a interrupção, H. procurou-me dizendo que gostaria de retomar sua análise. Não sei se H., apesar de seu empenho em manter o trabalho analítico, conseguirá ir além de um funcionamento mental saturante. No entanto, a forma abrupta de interrupção, sua iniciativa de reatar e as vivências emocionais intensas que permearam esses momentos parecem apontar em direção a uma transformação. H. parece estar apta a utilizar sua analista, por meio de identificação projetiva, como continente de suas profundas vivências de caos, total desamparo, inutilidade, impotência.

Discussão

Ao propor um hipotético *continente autotélico*, penso estar introduzindo novas configurações e desdobramentos da descrição de Rosenfeld (1987), Segal (1972) e Joseph (1982) sobre narcisismo destrutivo, sobre os impasses e obstruções de um mundo interno terrorífico, constantemente ameaçado de catástrofe.

Esta situação é permeada por uma complexa malha de estruturas mentais sumarizada pela ideia de um *continente autotélico*. Uma estrutura que se mantém fechada em si mesma, gerando permanentemente a mesma experiência, recriando constantemente um estado mental ilusório.

Neste contexto, como salientou Elias Rocha Barros em comentários a este trabalho, a ideia de que esse estado é permanentemente recriado, e não apenas mantido, é essencial. O *continente autotélico* é uma estrutura psíquica ativa, e não somente um estado mental que se mantém por uma espécie de inércia. É uma estrutura que mantém um processo mental em ativa expansão, em uma busca compulsiva de unidade, mas operando para manter a coerência interna do sistema alucinatório. Não fosse assim, o indivíduo mergulharia em um estado abertamente psicótico.

Esse conceito tem relação direta com a noção de "refúgio psíquico" de Steiner (1993). Descrevendo quadros clínicos com pacientes fronteiriços e psicóticos, o autor fala de um retraimento por detrás (e eu proporia dentro) de um poderoso sistema de defesas, comparado a um esconderijo ou uma armadura que denomina "organizações patológicas da personalidade". Tais organizações caracterizam-se por defesas extremamente rígidas, que funcionam para ajudar o indivíduo a fugir da ansiedade, evitando o contato com outras pessoas e com a realidade. Essa forma de organização psíquica surge universalmente em todos os indivíduos como forma de conter, neutralizando a pulsão de morte e sua destrutividade primitiva, a fim de garantir a integridade mental. Porém, em alguns indivíduos, em virtude da ameaça de aniquilamento que algumas mentes experimentam ao terem de se separar dos objetos do mundo interno concebidos primitivamente, a organização defensiva passa a dominar. Portanto, as organizações patológicas são, ao mesmo tempo, uma manifestação da destrutividade primitiva e um sistema de defesas contra ela. Instala-se, assim, um círculo vicioso entre refúgio e gratificação perversa que se mantém e se autossustenta e que também, salientaria, recria-se permanentemente. Tocar em um elo da organização é vivido como ameaça de romper a organização como um todo. Progresso e desenvolvimento, quando ocorrem, são experimentados como pondo em perigo a organização patológica e a fragilidade (que se torna cada vez maior pelo crescente empobrecimento das funções psíquicas) para enfrentar perdas, aciona o retraimento para dentro do refúgio.

Um *continente autotélico* pode ser visto como um tipo específico de revestimento de um refúgio, delimitando-o, estruturando-o e recriando-o permanentemente. Mas penso também que há várias modalidades de continência. Um continente pode não se estruturar a partir da autotelia, e sim a partir de uma *flacidez* (Adamo & Lamanno-Adamo, 1997).

Um *continente autotélico* preserva o frágil senso de continuidade do ser à custa de produções mentais esdrúxulas, enquanto um *continente flácido* opera recursos ativamente passíveis de permitir que os diversos sentidos, específicos e gerais, internos e externos, passem por um processo constante de analgesia e amorfia. O primeiro busca compulsivamente a unidade, liga os sentidos de forma hiperativa e canibal, quase sem nenhum compromisso com a veracidade do que produziu. Um *continente flácido*, por sua vez, funciona ao modo de um bolsão desvitalizador que se constitui em uma espécie de zona morta, uma zona de insensibilidade geradora de analgesia e amorfia (insensibilidade ao sofrimento e, consequentemente, incapacidade para gerar sentido e significado à experiência emocional).

4
Aspectos de um continente complacente: considerações a respeito de configurações narcísicas da personalidade[7]

Em algum momento de minha prática clínica, percebi-me curiosa e atenta, investigando a relação com meus pacientes não só em termos de conteúdo e de como minha mente recebia e transformava suas comunicações, mas também em termos do testemunho deles, de como eles ouviam meus comentários e interpretações e o que faziam com minhas contribuições e com o processo analítico como um todo.

Nesse processo investigatório observei, em alguns pacientes, padrões repetitivos de comunicação que pareciam agrupar um conjunto de fenômenos ligados a uma

7 Trabalho publicado no *International Journal of Psychoanalysis*, v. 87, n. 2, p. 369-382, 2006.

específica modalidade receptora-transformadora da experiência emocional em curso. Alguns pacientes apresentavam uma tendência a receber as contribuições da analista no que parecia ser uma cavidade flácida demais, assim, qualquer elemento que ali tentasse se alojar tornava-se amorfo e indeterminado. Essa tendência a manter a função analítica atrofiada apresentava um alto poder de atração, *arrastando* o analista cada vez mais para o equivalente a uma perda de suas funções mentais, gerando na contratransferência sentimentos de vazio, inércia, futilidade (Adamo & Lamanno-Adamo, 1997).

À diferença desse fenômeno que consiste em *fazer desaparecer*, certos pacientes tinham um padrão receptor-transformador da experiência emocional, que me induziu a propor uma estrutura mental que funcionava como uma galáxia canibal, devorando meus comentários e interpretações, e fazendo deles elementos de sustentação do sistema ou da ideia delirante em curso (Lamanno-Adamo, 1999). Uma estrutura que mantinha um processo mental em ativa expansão, em uma busca compulsiva de unidade, mas operando para manter a coerência interna do sistema alucinatório.

Fundamentada no modelo de continente-contido elaborado por Bion (1962a; 1962b), passei a conjecturar que os padrões mentais receptores-transformadores apresentados por esses pacientes não eram somente a expressão de mecanismos de defesa que tinham por efeito uma evasão da experiência emocional, vivida sob a forma de estímulos que tendiam a perturbar o aparelho mental, mas poderiam estar denunciando distúrbios na função continente de objeto evidenciados em uma complexa dinâmica de relação continente-contido.

Na época em que elaborava essas hipóteses, encontrei uma formulação interessante de Green (1986), em uma de suas conferências proferidas em São Paulo. Sugeriu o autor que certo contido não se aloja em um único continente, que determinado continente se subdivide em uma série de outros que abrigam um mesmo contido, porém o fazem por meio de diferentes estruturas defensivas. A partir dessas considerações, Green deixa em aberto a possibilidade de investigação de diferentes dinâmicas de continente-contido, com consequências diversas para o desenvolvimento da função simbólica.

Classificar diferentes relações de continente-contido pode, penso, propiciar um avanço teórico-clínico em nossa disciplina, na medida em que introduz uma maior possibilidade de apreensão de diferentes organizações mentais e um refinamento na escuta do analista, em atenção flutuante, da livre associação do paciente. Não basta reconhecer que há falhas na função continente de objeto; a experiência clínica tem me levado a pensar que se faz necessário, momento a momento da sessão e ao longo do trabalho analítico, consignar o padrão receptor-transformador da experiência emocional. Abster-se de observar e desenvolver um trabalho interpretativo a respeito da dinâmica específica de relação continente-contido em operação deixa a análise em progresso aparente, embora de fato estagnada.

Nesta perspectiva, neste capítulo trago considerações a respeito da existência de um hipotético *continente complacente* para designar estruturas mentais que têm por efeito, por meio de extremada complacência no conter, operar contínua desqualificação do contido. Um continente complacente elimina permanentemente as peculiaridades do contido, mantendo uma condição enganosa de desenvolvimento recíproco entre continente e contido. Complacente diz respeito ao ato ou desejo de comprazer, fazer o gosto, ser agradável, fazer a vontade do outro, transigir, ceder, anuir (Ferreira, 1988). Diz respeito, também, às propriedades de um hímen que não se rompe pela copulação.

Ao propor uma *continência complacente*, estou considerando uma dinâmica entre continente-contido (♀♂) marcada por uma acomodação exagerada do contido, por uma razoabilidade excessiva, por uma harmonia irrealística de ligação. Uma *continência complacente* diz respeito àqueles processos analíticos marcados por enganosa suavidade e brandura. A análise parece estar caminhando bem, sem a manifestação de grandes conflitos no campo transferencial-contratransferencial, mas quando colocamos um olhar mais atento e aprofundado em seu percurso percebemos que o paciente não tem sido de fato abalado, afetado pelo processo.

Penso aqui na fala de uma paciente adolescente, às voltas com conflitos em relação à perda da virgindade: "minha amiga, para não perder a virgindade, transa por trás. Eu não, eu li outro dia que existe um tal de hímen complacente. Eu queria ter um desses, assim, poderia transar à vontade com o meu namorado e, caso terminássemos, com o próximo, tudo aconteceria como se eu ainda fosse virgem".

Considero que o desejo manifesto dessa adolescente não diz respeito meramente a suas tentativas de lidar com o conflito de forma pragmática. Está relacionado, penso, a um complexo funcionamento mental a partir do qual *sim* e *não*, *ausência* e *presença* são simultaneamente aceitos e rejeitados, do modo como Freud (1927) descreveu em seu estudo sobre o fetichismo. Ao modo de um hímen que não se rompe pela copulação, um continente complacente processa o *agora-sim* e o *agora-não*, o *não-mais*, o *nada* e o *tudo*, retirando deles suas qualidades específicas, a ponto de deixarem de se constituir em forças a dinamizar o mundo mental. Isto à custa de uma idealização de acomodação. *Sim* e *não*, *presença* e *ausência* promovendo a coexistência de uma acomodação ideal, sem intempéries, riscos, alternâncias e contradições.

Na análise, há uma tendência exagerada em concordar com as especificidades e peculiaridades do processo, uma fidelidade prontamente instalada para tornar compreensível o até então incompreensível e inominável. O processo analítico parece se instalar de forma relativamente fácil. Esses pacientes consideram-se necessitados de análise e valorizam-na, bem como seus analistas. Não se queixam da análise e do analista, estão prontos a se corrigir e são propensos a concordar. Não expressam abertamente seus sentimentos de hostilidade, rivalidade ou desamor em relação ao analista ou a outras pessoas. Aceitam com benevolência as interpretações, e tudo parece acontecer de acordo com o esperado. Vez ou outra a *calmaria* é quebrada. Há lampejos de percepção que causam espanto, vislumbres de indignações, medos hipocondríacos fugazes, esporádicos episódios psicossomáticos, sentimentos de perseguição, os quais são com prontidão *desarticulados* da transferência, com imediato retorno ao estado enganoso de branda acomodação.

Reisenberg-Malcolm (1981) descreve a análise de uma personalidade narcísica defensiva sustentada, nas sessões, pelo que ela designou pseudocomplacência; esse comportamento tendo como propósito a manutenção de uma cisão entre uma relação idealizada com a analista e a projeção, em objetos externos, dos aspectos persecutórios e dolorosos desse relacionamento.

Neste capítulo, a partir de material extraído da clínica, investigo a complacência, não só em termos de sua característica defensiva, mas como uma função continente de objeto sustentada por uma complexa dinâmica entre continente-contido, que subsidia a personalidade narcísica defensiva.

A clínica com A.

Chamarei de A. uma analisanda com 40 e poucos anos, em análise em uma frequência de três vezes por semana. Relatou que o que a motivou a buscar esse tipo de tratamento tinha a ver com uma terrível sensação, que não conseguia traduzir em palavras, que havia experimentado meses antes, durante uma viagem para o exterior, de fato sua primeira viagem para o exterior. Também, episódios de hipertensão, segundo ela, fizeram-na buscar tratamento. Além disso, mais ou menos quatro sessões após o início da análise, mostrando receio de que talvez não quisesse mais atendê-la, disse: "Eu sou homossexual, tudo bem com você?".

Sua companheira, uma mulher mais jovem que ela, que já havia sido casada e tido uma filha com um homem, estava saindo com outra mulher. A ameaça de término dessa relação estava, segundo A., suscitando sensações muito próximas das que havia experimentado durante sua viagem para o exterior.

Estava com medo. Não conseguia dormir. Andava pela casa. Assistia a um filme atrás do outro, para se acalmar. Percebia A., nos primeiros meses de análise, em uma situação-limite, vivendo intensas emoções e sensações com as quais tinha muito pouca familiaridade, posto que destituídas de nome, lugar, origem. O ciúme, a ira, os sentimentos de abandono e exclusão que A. vivenciava por causa traição soavam-lhe estranhos e ameaçadores. Quando A. me contava que havia procurado *pistas* na conta telefônica de sua companheira a respeito de seu envolvimento com outra mulher, não lhe vinham sentimentos de ciúme ou ira que pudessem ser por ela nomeados. Somente um terrível mal-estar, que A. imediatamente introduzia no universo do conhecido e do familiar: "afinal, eu mesma já fiz isso com outras companheiras...".

Esses momentos de agitação e turbulência duraram pouco na análise. A. apaixonou-se por outra mulher bem mais jovem que ela, amiga de sua companheira. Isso, a princípio, aumentou seu assombro. Esboçou algum sentimento de culpa, chegou a cogitar: "por vingança?". No entanto, logo rompeu com sua companheira e iniciou uma relação com a *outra* mulher.

Tudo isso sem alardes. Sem brigas. Sem discórdias. Tudo sendo resolvido de forma civilizada, como dizia A. E isso era muito importante para ela, continuar sendo amiga de suas ex-companheiras. As três mulheres trabalhavam em um mesmo lugar. E assim continuaram. Acabou uma relação. Começou outra. "É muito importante para mim" – frisava A. – "que seja deste jeito. Sempre fico amiga de minhas ex-companheiras". Às vezes, relatava-me A., saiam as três juntas para jantar ou se reuniam para um bate-papo na casa de uma delas.

A. ia assim dando-me a conhecer sua forma específica de aceitar e, ao mesmo tempo, rejeitar o *sim* e o *não*, a *presença* e a *ausência*, a dor da perda, a ira, o ciúme, seus sentimentos de abandono e de exclusão. Obstinada a rejeitar qualquer alteração em si, A. desenvolveu um sistema de crenças rigidamente estabelecido e rigorosamente mantido. Nunca ou muito raramente perdia a paciência. Jamais uma palavra áspera para alguém. Era preciso ter caridade, me disse ela, por meio de um texto escrito, isso já três anos após o início da análise: "não se devia odiar... Era preciso perdoar... Era preciso compreender as fraquezas humanas... Resignar-se à ausência e à insipidez...". Dizia a si mesma que não era perfeita e que também ela era uma decepção ao outro...

A. seguia essas normas à risca. Havia em seu rosto uma candura, uma placidez. Havia uma brandura. A. não se queixava, não reclamava, não criticava ninguém, não se zangava com ninguém de maneira evidente. Não verbalizava qualquer desapontamento em relação a mim ou em relação a pessoas de sua convivência.

O *gêmeo antitético* de sua bondade, brandura e docilidade se faziam presentes nas sessões por meio de sonhos e poesias, de esporádicos sentimentos persecutórios, de fugazes medos hipocondríacos relacionados com sua hipertensão, de faltas e atrasos.

Em uma sessão, mais ou menos um ano após o início da análise, A. trouxe um sonho: ela estava dentro de casa, seu irmão e vários outros homens (seu irmão havia morrido de câncer há vários anos e A. já havia dito que não conseguia pensar nisso, que havia colocado tudo dentro de um armário muito bem trancado) tentavam arrombar a porta, enquanto ela, do lado de dentro, tentava com o máximo de sua força evitar que entrassem.

Nessa sessão conversamos sobre a força hercúlea de A. para trancar-para-fora vivências relacionadas à doença, morte, rivalidade. A face sinistra (*unheimlich*) do que havia sido trancado-para-fora ameaçava reingresso por arrombamento. O que até então fora tingido, em fantasia, de não existência, ameaçava intrusão de forma inesperada e violenta, deixando transparecer um terror consecutivo a um desencadeamento pulsional não articulável e de predominância destrutiva.

Na sessão seguinte à do sonho A. faltou e, quando retornou, apresentou-se tão razoável em suas explanações, e eu tão entretida em seguir seu raciocínio, que quase nenhum vestígio parecia restar da sessão anterior e, também, nada a ser compreendido sobre a falta subsequente.

Ela trazia à sessão um sonho ou uma poesia que havia escrito ou, então, apresentava-se nitidamente assombrada por sentimentos persecutórios e, nesses momentos, aproximávamo-nos de núcleos significativos de sua experiência. Nessas ocasiões, parecíamos alcançar uma relação mental apta a múltiplas e infindas significações. No entanto, nas sessões seguintes A. faltava, chegava atrasada ou, então, punha-se em um ritmo aparentemente reflexivo, que parecia denotar um aprofundamento da análise de sua conflitualidade. Mas, de fato, fui percebendo, ao longo de nosso trabalho, que seus esforços para restabelecer um discurso mutuamente reflexivo tinham mais o efeito de *despistar conjuntamente* o aterrorizador do que de alcançar com a analista uma compreensão genuína sobre o que a aterrorizava.

Tratava-se, conforme fui percebendo, de uma complexa dinâmica que tinha por efeito, a modo de um hímen complacente, estabelecer contato com sua realidade psíquica e, ao mesmo tempo, destruir quaisquer pistas que colocassem em evidência que ali houve uma *copulação* (entre ela e a analista, entre afetos, imagens e palavras, entre a palavra escrita e a ausência nas sessões). *Copulação* esta capaz de gerar novos e diversificados vértices à experiência emocional em curso.

Trago uma situação analítica, em uma tentativa de esclarecer essas questões. Trata-se de uma sessão realizada três anos após o início da análise. No dia seguinte seria o aniversário de morte de seu pai. Quando ele morreu, A. já estava em análise. O pai estava com 70 anos, e A. já havia me dado a saber que ele e sua avó materna tinham sido pessoas muito importantes em sua vida. Um dia, em uma sessão, A. contou que ele havia sido internado na UTI. Na semana seguinte, ao retornar para a análise, após duas faltas, A. informou-me que ele havia morrido. Só isso. Nada mais do que isso. Quando falava de seu pai, após o seu falecimento, era para narrar todas as tarefas que vinha executando para realizar o inventário. Sua mãe, ainda viva, estava muito idosa, e seu irmão já havia morrido.

Estávamos na véspera do aniversário de morte do pai e A. dizia não conseguir sentir nada em relação a isso: "Estranho, não sinto nada". Caímos em um longo silêncio. A. então disse que na noite anterior tinha assistido ao filme *Amnésia*. Perguntei-lhe sobre a história. Ela contou que o que havia chamado mais sua atenção era a estratégia do personagem para não esquecer. Ele tinha de descobrir, disse A., quem havia matado sua mulher (a amnésia estava, segundo A., relacionada com esse fato) e, então, para não esquecer, tatuava o corpo com as *pistas* para encontrar o criminoso, já que não conseguia reter na memória os acontecimentos recentes.

A partir desse relato, engrenamos em uma comunicação em conformidade com o que A. havia me contado sobre o filme. A história de um homem desesperado que tenta se lembrar, a qualquer custo, sobre a morte de sua mulher, travando uma verdadeira batalha entre esquecer e lembrar. No entanto, quando discuti posteriormente esse material com Elias Rocha Barros, pude perceber que o filme colocava em evidência uma trama muito mais complexa do que aquela insinuada por A. na sessão.

Amnésia, filme de Christopher Nolan, leva-nos, a princípio, a pensar na história de um homem, Leonard, vítima de um episódio de violência que resultou em perda de memória e no assassinato de sua mulher. Incapacitado de reter na memória fatos e acontecimentos recentes, passou a registrar no próprio corpo, por meio de tatuagens, pistas que pudessem, aparentemente, orientá-lo em sua busca obstinada pelo assassino de sua esposa.

No entanto, o que parecia, em um primeiro momento, ser fruto da arquitetura bem planejada de um homem desesperado querendo encontrar o criminoso para se vingar, acaba se revelando uma engenhosa trama para desfazer qualquer suspeita. Nesse sentido, sua amnésia recente poderia ser uma magnífica farsa ou, então, de fato, uma doença que Leonard passou a usar como parte de seu álibi para se inocentar.

Nesse complexo jogo de despiste, Leonard acaba se envolvendo com um policial corrupto e com uma prostituta às voltas com um violento gigolô. Aparentemente se unem para encontrar a verdade sobre o assassinato da esposa de Leonard, mas, de fato, passam a interagir para *despistar conjuntamente*. A prostituta e o policial corrupto usam Leonard, já que ele não podia se lembrar, para cometer crimes que eles queriam, mas não podiam cometer. Por sua vez, Leonard compactua com essas estratégias criminosas, utilizando-as como um instrumento a mais em sua engenhosa trama para não se responsabilizar.

Essa história, trazida por A. em uma sessão, auxiliou-me na compreensão do que estou denominando *continência complacente*. Uma complexa malha de estruturas psíquicas que têm por efeito manter o contido em estado permanente de desqualificação. Uma organização psíquica que, por meio de graus extremos de cisão e negação, tem a função de apagar as propriedades que qualificam um contido. Assim, *presença* e *ausência*, *seio* e *pênis*, *vagina* e *ânus* podem tornar-se a mesma coisa, qualquer coisa ou nada, em uma tentativa imperiosa de destruir evidências sobre o aterrorizador.

Nessas circunstâncias, como nos mostra o protagonista de *Amnésia*, lembrar e esquecer, perceber e não perceber, saber e não saber não são forças a dinamizar o processo de elaboração de luto, essencial para o desenvolvimento do pensamento simbólico, mas elementos que, em fantasia, podem ser perversa e obsessivamente manipuláveis. Resulta daí que vincular-se não diz respeito às possibilidades de desenvolvimento de uma relação mental que possibilita expansão da função representacional, mas o estabelecimento de *pactos perversos que propiciam operações conjuntas, que têm por efeito aniquilar evidências que possibilitam o encontro com aspectos intoleráveis da personalidade.*

No processo analítico, os conteúdos trazidos para análise tendem a ser enganosamente compreendidos como valiosas *pistas* para o esclarecimento da conflitualidade do paciente. Porém, investigações cuidadosas da dinâmica transferencial-contratransferencial possibilitam perceber que o processo de *refletir e conversar a respeito*, na medida em que é acolhido por um continente complacente, passa a funcionar como um meio de manter o pressuposto inconsciente de que, tão logo quaisquer experiências emocionais e sensoriais forem introduzidas no discurso analítico, está garantido que não mais irão assombrar e aterrorizar.

Em uma *continência complacente*, o processo de análise, por meio de um discurso enganosamente reflexivo, passa a ser vivido, em fantasia, como um instrumento a mais na eliminação de quaisquer vestígios dos aspectos desagradáveis e alarmantes da personalidade.

Considerar uma modalidade complacente de continência elucida, sobretudo, as perversões de transferência (Etchegoyen, 1980; 1986) resultantes de resistências narcísicas do paciente, ou seja, as resistências do paciente em renunciar a um objeto, a uma modalidade de relação de objeto ou a uma ilusão narcísica. Resultam daí severos prejuízos para o desenvolvimento de um genuíno trabalho de luto, imprescindível para a capacidade de pensar e simbolizar.

Na transferência, por meio de identificação projetiva, o analista é *pressionado* a dizer o que é mantido em segredo no inconsciente do paciente. A intervenção do analista é buscada, o paciente precisa dela, mas, em virtude de sua resistência narcísica, as intervenções do analista adquirem um caráter de pseudointerpretações. Não modificam a estrutura da fantasia inconsciente, e sim aliviam a angústia do paciente, na medida em que permitem uma reacomodação e, até mesmo, uma concretização das fantasias de fusão, de indiferenciação da representação do sujeito e do objeto, de criação onipotente do objeto.

Por meio de uma receptividade complacente das comunicações do analista e do processo analítico, o conteúdo das interpretações é excindido e ignorado, sendo reconhecidos, por exemplo, somente os aspectos pré- e para-verbais da relação analítica – o tom de voz, a entonação, o aconchego da sala, o conforto do divã. Assim, ainda que as interpretações do analista sejam pertinentes, acabam não dando conta de modificar a organização fantasmática, reforçando o efeito das condutas defensivas que produzem uma diminuição momentânea da angústia.

O analista, nesse caso, é buscado e usado como um objeto imprescindível para o paciente na manutenção de seu jogo ilusório de identificação. Em contrapartida, o analista vai sendo levado a se encaixar nessa trama, a desempenhar certa função, mediante contraidentificação projetiva, desenvolvendo, assim, uma cumplicidade inconsciente com seu paciente.

Maldonado (2001) sugere visualizar esses aspectos perversos da transferência à luz do mito de Narciso, especificamente a perspectiva do mito que expõe a relação de Eco e Narciso. O analista desempenhando uma função de Eco, enquanto protagonista ativo, para o estabelecimento de um equilíbrio narcisista baseado em uma ilusória diferenciação entre *self* e objeto. A função essencial de Eco, na configuração narcísica, consistindo especificamente "em manter a condição idealizada das identificações e também evitar que a representação do objeto surja diferenciada da representação do sujeito" (Maldonado, 2001, p. 158).

Um continente complacente opera uma complexa malha de estruturas mentais que tem por função a constituição do desenvolvimento de um refúgio narcisista. O objeto, nessas circunstâncias, deve desempenhar uma função essencial de suporte da defesa narcísica, para manter a condição idealizada das identificações. Instala-se, assim, um campo propicio para a manutenção e desenvolvimento de um vínculo fundamentado em um despiste conjunto. A manutenção desse vínculo permite ao paciente atingir e manter um equilíbrio que o preserva da inundação de ansiedades psicóticas e da dissolução iminente da estrutura psíquica, o que implica um desmoronamento total ou parcial das representações do objeto e do ego (Jacobson, 1968).

Vou agora relatar alguns aspectos da análise com A., a partir de minha compreensão sobre a dinâmica de complacência apresentada nas sessões.

Evolução clínica

Quando pude discriminar com alguma clareza como A. utilizava-se de complacência para não ser perturbada por aspectos conflitivos de sua vida psíquica, iniciei um trabalho interpretativo desse conteúdo. Em algum momento retomei o filme *Amnésia*, comunicando-lhe que a história que ela havia me contado sobre o homem que tentava desesperadamente não esquecer, de fato, era a história de um homem que apresentava uma engenhosa trama para se desvencilhar do que o aterrorizava. Aquilo que parecia ser uma arquitetura bem planejada na busca de uma verdade acabou se revelando como manobras para distanciá-lo de uma intensa perturbação.

Utilizando como modelo o filme *Amnésia*, interpretava como ela se comportava comigo de forma muito semelhante ao personagem do filme. Por vários meses concentrei meu trabalho analítico na compreensão dessa dinâmica de despiste. Cada vez que as comunicações de A. apresentavam-se como estratégias para despistar o que a perturbava, eu interrompia nossa conversa e dizia: "estamos agora engajadas num despiste conjunto...", ou, então, "parece que estamos engatadas numa conversa reflexiva, mas de fato estamos, nesse momento, tentando eliminar quaisquer vestígios do que possa estar te incomodando".

Por algum tempo, A. simplesmente aceitava minhas ideias e punha-se a discursar de forma inteligente sobre a trama do filme, convidando-me a entrar em uma conversa que poderia durar toda a sessão, uma conversa interessante, mas que evidenciava uma condição enganosa de assimilação do que estava lhe comunicando. Em muitas dessas ocasiões, eu dizia: "parece que está havendo uma assimilação do que eu estou te dizendo mas, de fato, você está me convidando para uma conversa que nos distancia do que te perturba".

Muitas vezes A. retrucava: "acho que eu não consigo fazer diferente... Não sei se algum dia conseguirei fazer diferente". Fazer diferente, comunicava-lhe nessas ocasiões, era poder usar a fala como instrumento de aproximação do que estava sentindo e pensando ali comigo, naquele momento.

Gradativamente, A. foi dando indícios de que podia *fazer diferente*. Trago um período da análise, mais ou menos quatro anos após seu início, quando, penso, começou a ocorrer uma mudança significativa com respeito ao que a análise poderia, de fato, oferecer-lhe.

A. deitou-se no divã e, após alguns minutos em silêncio, disse que não tinha nada para dizer. Em seguida, falou sobre sua dificuldade em lidar com determinada situação no trabalho. Teria de revisar um projeto que havia escrito. Com entusiasmo comunicou-me que estava se sentindo muito mais apta, agora, para lidar com situações em que suas ideias não eram totalmente aceitas. Enfatizou o quanto já havia mudado, como já estava aguentando as críticas dos colegas sem ter de ser boazinha e concordar placidamente com o que diziam. "Mas aqui, agora" – eu disse – "você está me convidando para entrar numa conversa para eliminar qualquer incômodo".

A. fez uma breve pausa, deu uma risada e falou: "não aguento deitar aqui e ficar em silêncio, tenho que dizer alguma coisa... tenho que fazer análise".

Tem de manter comigo um clima de placidez e serenidade?

"Ontem a noite" – prosseguiu A. – "quando eu estava quase pegando no sono, me lembrei do meu pai, me lembrei que ele já não estava mais aqui comigo. Fiquei tão desnorteada, uma sensação tão ruim, fiquei com medo, com muito medo. Imediatamente eu comecei a conversar com a M. [sua companheira]. Eu até percebi, no momento, que aquela minha necessidade de conversar não tinha nada a ver com tentar comunicar o que estava se passando comigo, era para sair daquela sensação terrível que estava sentindo, mas aí eu me acalmei e dormi".

Foi terrível vivenciar a perda, salientei.

"Eu não consigo conceber perdas, quando chego nesse ponto eu me deparo com um enorme buraco, um abismo, um precipício... E se eu prosseguir, caio nele. Não sei se algum dia vou conseguir me aproximar disso...".

Depois dessa sessão A. faltou, chegou atrasada, tirou férias e, quando voltou, me falou de um livro que estava lendo: "esse livro está mexendo muito comigo... Chama-se *Terra Sonâmbula* e é sobre pessoas vivendo num país destroçado pela guerra, por anos de guerra".

Perguntei a ela que associações havia feito sobre a história do livro e sua própria história. A. ficou por um longo tempo em silêncio: "não havia pensado nada a respeito, mas agora estou me perguntando... O que é que foi destruído dentro de mim e que eu nem percebi?"

Ficamos em silêncio por vários minutos e, então, ela disse: "sabe o que mais me impressionou nesse livro? Ele começa mais ou menos assim... Naquele lugar a guerra tinha matado a estrada... Um velho e um garoto vão seguindo pela estrada, vêm de lugar nenhum e vão para parte alguma... Fogem da guerra... Vão na ilusão de encontrar um refúgio tranquilo".

Pudemos, então, começar um trabalho interpretativo a respeito de como o funcionamento complacente de A. para eliminar os aspectos conflitivos de sua vida psíquica acabou transformando-a em uma espécie de zumbi, um ser vagante vindo de lugar nenhum e indo para parte alguma. Esse funcionamento submetia sua mente a contínua violência, na medida em que aniquilava permanentemente sua experiência emocional que, em si mesma, poderia dar sentido e significação a sua vida mental (a guerra que matava a estrada).

Nessa perspectiva, aproximar-se de sua experiência emocional aterrorizava-a, especialmente porque colocava em evidência um espaço mental *destroçado pela guerra, por anos de guerra*. Uma mente que acabou se especializando na anulação da conflitualidade e que, para tanto, desqualificava constantemente as forças capazes de dinamizar o processo de luto, essencial para o desenvolvimento do pensamento simbólico, constituía-se em um espaço aterrorizador (um lugar que ligava o nada a lugar nenhum). Nesse contexto, a experiência de ter uma mente era estar em um lugar sem saída, à beira de um precipício sem poder continuar.

Nesse período da análise A. estava se aposentando e, embora fosse continuar prestando serviços em outras empresas, estava prestes a colocar um ponto final na atividade que vinha desenvolvendo há mais de vinte anos, e prestes a deixar de vez o lugar em que vinha trabalhando há mais de quinze anos. Em uma sessão, A. deitou-se no divã e já foi logo dizendo: "hoje não estou bem, estou me sentindo estranha, esquisita... Acho que estou com labirintite, sinto o tempo todo uma ligeira tontura". Disse isso e ficou em silêncio. Perguntei-lhe se essas sensações não poderiam estar relacionadas às perdas e mudanças que estava vivendo. "Acho" – disse ela – "que nem se eu fizer mais dez anos de análise vou conseguir elaborar essas situações".

"O que você entende por elaborar essas situações?", perguntei. Seguiu-se daí um longo silêncio. A. então falou:

"cá estou eu de novo, esperando que, se eu compreender, passarei por esse momento ilesa, sem sentir nada... E isso não é possível, né? Fico, no final, esperando que, se eu compreender, eu vou encontrar o tal do refúgio tranquilo".

"E de fato" – enfatizei – "o lugar que você está encontrando é um lugar de perdas e mudanças... E você está, por causa disso, se sentindo esquisita, estranha, desnorteada..."

"É... Ontem eu estava sozinha em casa ouvindo música e aí comecei a chorar e me lembrei do meu irmão... Me deu tanta saudade... Não, não era saudade, a bem da verdade, não posso dizer que tive um irmão, eu não usufrui de meu irmão, não éramos próximos, cada um vivia no seu canto. Chorei muito ontem, mas não me *derreti em lágrimas*. Lembra-se que eu tinha medo de que se eu começasse a chorar não iria parar nunca mais, que eu iria me dissolver?"

Percebi que A. se aproximou de sua dificuldade para estabelecer vínculos genuínos consigo mesma e com o outro, no entanto, imediatamente *esmaeceu* essa percepção, demonstrando uma peudointegração: "chorei muito ontem... Olha como já posso chorar". Mas eu não interpretei esse movimento, resolvi esperar até que ela mesma pudesse retomar uma conversa comigo, com o intuito de uma real aproximação com sentimentos muito intensos associados à vivência de um perturbador vazio mental.

Em algum momento da análise, A. retomou a questão surgida a partir da história do velho e do menino vagando em terra destroçada pela guerra: "estou pensando naquilo de novo... O que foi destruído dentro de mim, e eu nem percebi?".

Ficou em silêncio por vários minutos e, então, prosseguiu: "acho que coloquei a minha vida na mão das coisas". Enfatizei, nessa ocasião, que *colocar a vida na mão das coisas* era, por exemplo, relacionar de forma imediata sua tontura como sendo devida a uma labirintite, e que quando ela fazia isso, em uma tentativa de reduzir suas emoções a um ponto quase nulo, para eliminar conflitos, ela ficava com labirintite. Isto é, com a doença dos que estão perdidos em um lugar tortuoso e confuso do qual não conseguem sair.

Nesse momento da sessão, me lembrei do Minotauro (o homem com cabeça de touro, preso no labirinto porque necessitava de carne humana para se saciar). Poderia ter utilizado essa minha associação e interpretar que, possivelmente, A. prendia a si mesma em um labirinto para não se aproximar de suas fantasias inconscientes de destrutividade e violência. Penso, contudo, que esse período da análise necessitava, primeiro, de uma compreensão de como ela utilizava a análise e a analista para *despistar*, e que esse mecanismo fazia que ela se tornasse uma sonâmbula caminhando em um labirinto. Isso exigia de mim especial e permanente atenção em relação ao uso que ela fazia da analista e do processo analítico, a cada momento da sessão.

Alguns pacientes, sugere Winnicott (1968), chegam até nós já podendo usar objetos, podem nos usar e podem usar a análise, tal como usaram seus pais, seus irmãos e irmãs, seus lares. Relacionar-se com o objeto, segundo o autor, é uma experiência do sujeito como algo isolado, usar o objeto é ser capaz de conceber o objeto fora do *self*, o objeto fazendo parte da realidade partilhada, e não um feixe de projeções. Isto significa que, com muitos pacientes, teremos de propiciar um ambiente que os auxilie a encontrar a externalidade do objeto e aceitá-lo como sendo possuidor de uma existência autônoma. Essa experiência depende da capacidade do analista de sobreviver, sobreviver no sentido de nem sucumbir nem retaliar. O aspecto essencial é a sobrevivência do analista e do caráter intacto da técnica psicanalítica.

Sem uma capacidade para situar o analista fora da área de controle onipotente, o paciente poderá somente experienciar uma espécie de autoanálise, utilizando o analista como projeção de partes do *self*. O paciente só pode se alimentar no *self* e não pode utilizar o seio para se enriquecer, pode até mesmo fruir a experiência analítica, mas, fundamentalmente, não mudará. Existem muitos pacientes, propõe Winnicott, que precisam que possamos lhes dar uma capacidade para nos usar. Esta, para eles, é a tarefa analítica.

Discussão e conclusão

Partindo de um tema central (o conceito de continente-contido, suas modalidades e implicações clínicas), propus a existência de um hipotético *continente complacente* para designar uma dinâmica específica de continente-contido que representa os fundamentos de um refúgio narcísico (Steiner, 1993). Descrevi uma poderosa organização defensiva, caracterizada por permanente *desqualificação* do objeto e que tem por efeito neutralizar as angústias de qualidade catastrófica que emergem a partir do mundo relacional com suas complexidades e conflitos. Essa organização sustenta e é sustentada por permanente *adulteração* da função continente de objeto.

Essas noções dão continuidade às minhas tentativas de expandir e aprofundar diferentes dinâmicas de relação continente-contido. Anteriormente propusemos (Adamo & Lamanno-Adamo, 1997) uma relação continente-contido que opera não uma contínua desqualificação do objeto, mas um permanente *apagamento* dos afetos libidinais e agressivos em relação ao objeto. Em vez de propiciar sentidos e significados ao contido, esse continente promove analgesia e amorfia. Nesses casos, não temos como resultado uma imagem desqualificada do objeto, "temos uma destruição da imagem, um borrão ou o seu desaparecimento gradual, que cria um ferimento na mente, produzindo uma hemorragia de representação, uma dor sem qualquer imagem de ferimento, apenas um estado de vazio, ou um buraco" (Green, 2000, p. 141-142). Esse *buraco vazio* na mente não só atua como um vazio interno, mas tem o poder de atrair todos os conteúdos mentais ou pensamentos ligados ao tópico principal, central, de espaço vazio.

Propus também, em trabalho anterior (Lamanno-Adamo, 1999), a existência de uma dinâmica de relação continente-contido que mantém um processo mental em ativa expansão, em uma busca compulsiva de unidade, mas operando para manter a coerência interna de um sistema alucinatório. Trata-se de uma complexa malha de estruturas mentais que se mantêm fechadas em si mesmas, gerando permanentemente a vivência alucinada de um objeto onipresente.

Cada uma dessas configurações apresenta diferentes dinâmicas de relação continente-contido que subsidiam e são subsidiadas por diferentes estruturas defensivas, por meio de permanente *corrupção* da função continente de objeto. Partes do *self* se agregam para adulterar a função continente de objeto, estabelecendo uma relação de continente-contido que resulta em uma complexa organização defensiva narcísica, que promove um estatismo da relação objetal com comprometimento do desenvolvimento do pensamento.

Essas noções têm me possibilitado expandir a investigação daquelas situações primitivas nas quais os elementos beta, em acentuado estado de dispersão e buscando um continente, passam a ser permanentemente *apagados*, sorvidos com avidez e voracidade ou, então, desqualificados. Decorre daí um *protótipo abortivo* de contido que, por sua vez, passa a usar o estado de dispersão como um subcontinente constituído por um sistema defensivo altamente organizado e vigorosamente mantido, sustentado nessa permanente *simulação* da função continente de objeto. Esse processo realiza um protótipo igualmente abortivo de PS PD, ou seja, dos movimentos de desintegração e integração do *self* e do objeto. Sustentado na conceituação de Klein sobre as posições esquizoparanoide e depressiva como estando sempre em luta entre si e se articulando durante o desenvolvimento da criança, Bion (1962b) formula um contínuo vaivém entre tendências à integração e desintegração. Esses movimentos, que ocorrem cada vez que se manifesta um conflito emocional, fundamentam a manufatura e o desenvolvimento do pensamento.

Essas considerações têm sido cruciais na aprendizagem de como trabalhar visando à análise não só a partir do conteúdo, mas também a partir do modo como o paciente vai reagindo às comunicações do analista, ao processo analítico como um todo, e como o analista vai sendo continuamente arrastado para dentro do sistema particular de *pseudocontinência* apresentado pelo paciente.

Penso que isso significa rever constantemente a dinâmica prevalente de relação continente-contido que se apresenta não apenas sessão a sessão, mas ao longo do percurso analítico. Resultam daí esclarecimentos sobre a organização defensiva do paciente, sua tendência a *fazer desaparecer*, a desqualificar, a incorporar canibalisticamente os *diálogos* psicanalíticos, os quais convertem a análise e o analista em um fetiche que, como todo fetiche, dispõe-se a uma relação saturada e perene.

Proponho que a capacidade de discernimento, acompanhada de um trabalho interpretativo da dinâmica de continente-contido à luz do processo transferencial-contratransferencial, é um elemento fundamental para a evolução do processo analítico.

5 Aspectos de um continente primário[8]

Passei a conjecturar sobre a existência de um *continente primário* após já ter escrito sobre os continentes flácido (Adamo & Lamanno-Adamo, 1997) e autotélico (Lamanno-Adamo, 1999), e em vias de formular a respeito de uma continência complacente (Lamanno-Adamo, 2002). A noção de uma organização psíquica que opera um contínuo trabalho de ligação entre corpo e mente foi surgindo no decorrer da análise de uma paciente que apresentava um melanoma em fase avançada. Atendi essa paciente por seis anos, até sua morte.

Procurou ajuda por causa de problemas com a filha adolescente que estava apresentando, segundo ela, comportamento agressivo e rebeldia. Por mais ou menos um ano, essa paciente não conseguia se deitar no divã, fazendo-me

8 Trabalho publicado na *Revista Brasileira de Psicanálise*, v. 38, n. 2, p. 373-387, 2004.

conhecer um pouco de seus desejos, temores e aspirações por meio de suas ansiedades e expectativas em relação aos comportamentos da filha.

Fiquei sabendo a respeito de seu melanoma muitos meses após o início da análise. Em uma sessão, disse, rapidamente e mergulhada em pragmatismo, que há alguns anos havia descoberto uma pinta esquisita na perna e que sua pinta já devia estar lá por algum tempo, mas que não a tinha percebido. Procurou então um especialista e foi constatado que estava com um melanoma em fase avançada. Falou isso sem nenhuma manifestação de temor, não parecia se dar conta do mal que a acometia e que a colocava em sérios riscos.

Ao longo da análise, fui percebendo que esse processo de negação não dizia respeito somente a uma defesa contra a ansiedade ante a grave enfermidade que a acometia, percebi que se tratava de uma intensa negação de sua realidade psíquica. Sua mente era quase totalmente desprovida de lembranças. Seu pai havia falecido quando ela tinha 6 anos, mas ela não se recordava de nada a respeito. Não tinha lembranças do pai vivo, de seu rosto, de sua voz ou de alguma cena em que estivessem juntos.

Mal se recordava do que havia acontecido: "teve um infarto, faleceu algumas semanas depois". Não se lembrava do velório, do enterro, da mãe chorando, de ninguém conversando com ela a respeito. Não tinha lembranças também de seus irmãos, dae sua casa, da escola, com quem brincava.

Apesar de não poder se negar totalmente, não parecia ter sido capaz de se experimentar, nem a si nem aos outros. Graduou-se, casou-se, teve filhos e foi trabalhar na empresa da família do marido (algo muito distante de sua escolha profissional). Lembrava-se basicamente das traições do namorado e dela mesma sentada no quintal da casa, chorando e se lamentando com seu cachorrinho (presente do namorado e, conforme fomos percebendo, única entidade viva com quem se lembrava de ter estabelecido alguma intimidade). Penso que, dessa forma, comunicava-me como sua vida íntima era um desencontro cruel, uma casa vazia. Aí encontrávamos uma criança psiquicamente quase-morta e sem pecúlio.

No decorrer da análise, foi possível observar mudanças significativas no curso do pensamento dessa paciente. A real proximidade da morte provocou efeitos inevitáveis em seu psiquismo: dor, sofrimento, medo. O impacto de um corpo gravemente enfermo abalou fortemente seu funcionamento psíquico centralizado, até então sob a égide de intensa negação, o que resultou na ausência de vínculo com seu corpo (penso aqui na demora em perceber a pinta na perna), com suas origens, com seus objetos de amor.

A análise propiciou uma expansão no mundo das representações e significados, em sua capacidade de refletir sobre si mesma, de se aproximar de suas emoções, de seus objetos de amor e, quando próxima da morte, pôde externar seus medos e desejos.

No entanto, seu corpo permeou todo o processo analítico, fazendo-se constantemente visível, marcando presença de forma um tanto peculiar.

Não considero o câncer dessa paciente uma somatização, não pude, por meio da experiência analítica, encontrar eventos psíquicos que pudessem sugerir uma origem psíquica para seu melanoma. Não posso também descartar totalmente essa possibilidade. O que observei foi a presença de um corpo enfermo ao nível das representações, ao longo de todo o percurso analítico. A partir de um exame analítico dessas representações, essa paciente abriu novas redes afetivas que permitiriam uma ampliação em seu campo de experiência.

Com frequência, em especial quando estava apresentando metástases, apalpava o abdome, embaixo dos braços, seus seios, em uma investigação compulsiva do próprio corpo, levando-me a pensar que sua psique, seus objetos internos, suas fantasias estavam quase que totalmente alojadas em partes do seu corpo. Considerei também esses gestos como sendo a expressão de tentativas de religação com o próprio corpo nos momentos em que enfrentava angústias de desintegração. Em uma ocasião relatou que, até o aparecimento de sua doença, não tinha curiosidade em saber como seu corpo funcionava, onde estavam localizados seus órgãos, que mal sabia onde ficavam alojados seu fígado, pâncreas e rins. Comentou que, apesar do medo, era fascinante ver o interior de seu corpo revelado por radiografias e ultrassonografias.

Em um período da análise, quando se aproximava de vivências afetivas em relação à morte do pai, seu corpo ficou repleto de placas vermelhas, devidas a uma urticária, possivelmente por causa de uma intoxicação alimentar: "estou muito mal, dizia, parece que vou sufocar... Acho também que estou aflita porque minha filha vai viajar para o exterior por três meses... Estou com medo de que alguma coisa ruim possa lhe acontecer".

Lembro-me de que a imagem de seu corpo todo manchado levou-me a associá-lo a um corpo mapeado e me recordei, em seguida, de que certos povos indígenas traziam gravado na pele o mapa do lugar onde viviam. Essa era a única vestimenta que utilizavam, convertiam seus corpos em mapas nos quais desenhavam o lugar onde haviam nascido.

Projetava na filha seu receio de morrer antes de seu retorno, ao mesmo tempo, considerando outras associações e o que vinha ocorrendo em sessões anteriores, interpretei que seu *corpo mapeado* comunicava-nos sua necessidade de saber sobre suas origens, seus objetos de amor, para fazer frente à angústia de desintegração que experimentava.

Essa experiência analítica, acrescentada à clínica com pacientes que apresentavam sintomas psicossomáticos (hipertensão, labirintopatia, desidrose, crises de pânico e fibromialgia), provocou em mim uma série de indagações. Que lugar ocupa na psicanálise um corpo sem sintomas? Uma vez simbolizado, o corpo *sai de cena*, reaparecendo somente nos momentos de simbolização ou enfermidade física? O corpo não funciona permanentemente como um continente? Considerando que existe uma tendência herdada, como sugeriu Winnicott (1949; 1964), para alcançar uma unidade somatopsíquica que, sob condições favoráveis, tende a se tornar cada vez mais complexa ao longo da vida do indivíduo, não seria frutífero considerar a existência de um contínuo trabalho de ligação entre soma e psique, em um permanente movimento transformativo nos dois sentidos?

Mecanismos de um continente primário

A psicanálise, fundamentada no dualismo cartesiano entre corpo e mente, tem demonstrado como as pulsões, por natureza constituídas por processos somáticos, têm de passar por algum *trabalho de ligação* no plano psíquico para, a partir daí, seguir diferentes direcionamentos; a somatização sendo compreendida como fruto de uma insuficiência psíquica para conter as pulsões, representá-las e alcançar para elas expressão simbólica. Expandindo essa noção,

McDougall (1991) considera que as experiências emocionais não elaboradas e simbolizadas sofrem uma forte negação, passando então a serem substituídas por ações compulsivas, denominadas pela autora "atos sintomas". As histórias sem palavras, como que em um curto-circuito, transformam o corpo em um *campo de batalha* onde a história se dramatiza. Esse conceito abre caminho para uma noção da somatização como etapas do processo de simbolização, como uma "facilitação psicossomática", a elaboração fantasística se apoiando na parte "lesada do corpo, enquanto esta vai se curando" (Dejours, 1991, p. 22).

Os objetos de pesquisa psicanalítica em psicossomática vêm considerando cada vez mais o soma não só como via de descarga, mas predominantemente como um cenário de representações, partes do corpo condicionando e facilitando representações mentais de certos estados emocionais. Além disso, tem havido tentativas de conceituar soma e psique como uma unidade: unidade somatopsíquica. Nessa direção, encontramos Bion (1992) sugerindo que determinadas zonas peculiares do corpo se comportam como se tivessem uma mente ou um cérebro próprio, como se uma parte do corpo tivesse senso de humor, que coopera e é amigável. Essa dinâmica, sugere o autor, diz respeito a uma relação funcionante entre psique e soma, que tem uma origem rudimentar, sem explicação lógica. Referindo-se, por exemplo, aos remanescentes das respostas secretórias da suprarrenal aos estresses embrionários como modelo para pensarmos as ligações rudimentares entre soma e psique, esse autor supõe que isso forma uma espécie de antecipação corpórea, uma preparação para o funcionamento de uma mente que possa, diante de estresses futuros, e pela descarga adrenalínica, preparar-se para a iniciativa e para a luta.

Algumas formulações de Winnicott (1949; 1964) apontam também para essa direção. Na saúde, sugeriu o autor, o *self* mantém a identidade com o corpo e com seu funcionamento. Isso graças a uma tendência herdada de se alcançar uma unidade da psique e do soma, propiciando que "a psique assente moradia no soma e vice-versa" (Winnicott, 1964, p. 89). A debilidade do vínculo entre psique e soma seria considerada, então,

> consequência de um fenômeno regressivo que emprega resíduos arcaicos no estabelecimento de uma organização defensiva vigorosa que resulta em uma incerteza da *morada* ou conduz a despersonalização, ou seja, perda de contato com o corpo e com o funcionamento corporal (Winnicott, 1964, p. 89).

O conceito de Ferrari (1995) de "objeto originário concreto" é compatível com a teorização de Winnicott sobre uma continuidade da experiência do psicossoma. Segundo o autor, o primeiro objeto psíquico do ser que nasce não é a mãe ou o seio, e sim o próprio corpo da criança, que se põe como realidade primeira da mente. Para ele, o corpo não é entendido como um objeto passivo, mas como um conjunto de sensações caóticas, que a partir do início da vida extrauterina se impõe à percepção da criança. O "eclipse do corpo" ocorre quando as sensações e emoções caóticas são contidas e pensadas pela continência materna (Bion, 1962a), mas o sentimento de continuidade da vivência de um corpo que emana múltiplas sensações e emoções permanece. Entretanto, quando há uma reação a invasões intoleráveis, sejam provenientes do interior da própria criança, sejam oriundas do meio ambiente, acontece um rompimento da integração psicossomática, passando o corpo e a psique a funcionar em desacordo (oposição, desequilíbrio, desarmonia).

Dejours (1991), alinhado a essa concepção, enfatiza a não existência de uma simples passagem do soma para a psique; para esse autor, a relação soma e psique é da ordem de uma "integração subversiva", em que a lógica psíquica, dentro da concepção da subversão, nunca se liberta da lógica somática, pelo contrário, alimenta-se dela e nela se renova ou se faz aprisionar. Para Dejours, entre a ordem somática e a ordem psíquica a relação seria do tipo dia-bólica, no sentido etimológico do termo, ou seja, em oposição a sim-bólica, fundamentalmente fadada a uma obra de separação, de descolamento.

Em sintonia com essas noções, o neurologista Damásio (2000) sugere que o corpo teve relevância efetiva na evolução do cérebro, está *simbolizado* na estrutura do cérebro, mas se mantém no *circuito* o tempo todo, embora no pano de fundo. Para esse autor, quando se instalam a dor física e a emoção, a atenção converge de imediato para as representações do corpo, e a sensação nele sai do fundo da cena para o primeiro plano.

Cito Damásio:

> A mente emerge do organismo como um todo, os circuitos neurais representam o organismo continuamente, à medida que é perturbado pelos estímulos do meio ambiente físico e sociocultural e à medida que atua sobre esse meio. Se o tema básico dessas representações não fosse o organismo ancorado no corpo, é possível que tivéssemos alguma mente, mas duvido que fosse a mente que agora temos. Não estou afirmando que a mente se encontra no corpo, mas que o corpo contribui para a mente com mais do que a manutenção da vida e com mais do que efeitos moduladores. Contribui com um conteúdo essencial para o funcionamento da mente normal (Damásio, 1994, p. 54).

Essas formulações corroboram a hipótese de que o pensamento surge de uma capacidade fundamental para explorar continuamente os próprios recursos orgânicos: a mente como uma totalidade das atividades orgânicas que plasmam a individualização como uma entidade em si (Antomarini, 2000).

Seguindo essas conceituações, conjecturo a respeito de uma complexa rede de estruturas somatopsíquicas que operam um contínuo movimento transformativo nos dois sentidos: corpo ⇔ mente. Estruturas estas que dizem respeito a um permanente trabalho de ligação entre psique e soma, propiciando à psique habitar o soma enquanto este, por sua vez, *lateja* permanentemente a psique.

Apoiada no modelo de continente-contido elaborado por Bion (1962a; 1962b; 1970), proponho um hipotético *continente primário* para sumarizar uma complexa rede de estruturas somatopsíquicas que operam um contínuo movimento transformativo entre corpo e mente, promovendo diferentes níveis e ordens de vinculação entre esses dois funcionamentos.

A formulação de Green (1986) sobre um continente que se subdivide em uma série de subcontinentes que abrigam um mesmo conteúdo, porém o fazem com diferentes estruturas defensivas, leva-me a conjecturar um continente primário, primordial, cuja função é manter a integração psicossomática, e que pode se subdividir em subcontinentes que apresentam distintas organizações psíquicas geradoras de produtos que subsidiam diferentes estruturas defensivas, sustentadas em diferentes níveis de simbolização; cada subcontinente justapondo-se, alimentando-se mutuamente e organizando-se em cada esfera de maneira própria.

Alcançar a unidade entre psique e soma é da alçada do próprio funcionamento psíquico, em sua tarefa de "colonizar os órgãos por intermédio do princípio de integração entre órgão e função, resultando daí um escoadouro ao corpo fisiológico" (Dejours, 1991, p. 110). Ao mesmo tempo, a partir do soma enquanto dado presença (Ferrari, 1995), a psique pode vir a se "cristalizar, se organicizar, se anatomicizar" (Dejours, 1991, p. 111).

O continente primário tem por efeito preservar o *conhecimento* da unidade somatopsíquica e buscar uma permanente coesão integradora entre soma e psique, funcionando como um estabilizador da coesão entre os dois funcionamentos. Essa manutenção é efetuada a partir de movimentos que geram permanentes mudanças de nível e ordem de vinculação, desde as mais simples (enrubecimento da face ao se sentir vergonha) até as mais complexas, como no sonho, nas criações mito-poéticas, na formulação de conceitos e teorias.

No entanto, pode haver falhas nesse processamento. O trabalho de permanente ligação entre psique e soma tem como função conferir significado aos elementos que compõem cada um desses funcionamentos, sendo que o próprio trabalho de ligação se torna um objeto significativo, que tem como protótipo a ligação entre boca-mamilo e posteriormente entre o par sexual (Bion, 1959a). Se as ansiedades associadas à experiência e fantasia de ligações (entre boca-mamilo, vagina-pênis) forem demasiadamente intensas, então poderá haver uma interferência correspondente na capacidade de fazer ligações entre soma e psique. Nesses casos, pode ocorrer o desenvolvimento de ligações débeis e debilitantes entre psique e soma, um ajuntamento indiscriminado entre esses dois funcionamentos, uma ligação perversa, cruel, estéril entre ambos.

Decorre desse processamento a percepção de uma psique *desencorpada* e de um soma *desmentalizado*. Uma psique desencorpada acaba gerando um espaço mental que se assemelha a um depósito de fatos e ações que só alcançam raiz à custa de um hiperinvestimento em atividades mentais operatórias, desligadas das mensagens afetivas do psiquismo. As palavras, nesse caso, não têm a função de ligação pulsional e tornam-se estruturas congeladas, esvaziadas de substância e de significação. O discurso mantém-se inteligível, porém totalmente destituído de afeto.

Uma psique *desencorpada*, podemos supor, diz respeito ao desenvolvimento de uma falência anímica (Bion, 1960), ou seja, a falência em perceber objetos vivos e reais em permanente combinação e interação. Isso implica uma impossibilidade de armazenar a experiência como memória, a experiência ficando reduzida a uma acumulação de fatos (coisas), desprovida das qualidades necessárias para emprego em sonhos e pensamentos.

O soma, nessas circunstâncias, é vivido como uma espécie de máquina de alta precisão, é um corpo desmentalizado, composto de órgãos que mais se assemelham a uma engrenagem constituída por *chips*, molas e parafusos, do que fonte indubitável de sensações e emoções. O corpo continuamente cindido da psique é um corporal em –K, termo utilizado por Ahumada (1999, p. 36) para designar "um modo peculiar de desconhecimento do psíquico pela via de sua cisão de um corpo considerado cartesianamente como mecânico e, portanto, alheio ao psíquico e que passa a substituí-lo".

A manutenção desse processo de cisão está a cargo de uma organização defensiva que promove permanentes ataques a tudo o que promove elos de ligação entre o soma e a psique, promovendo uma desintegração da unidade somatopsíquica. Esses ataques podem visar aos órgãos de sentido em sua função de propiciar um "assoalho sensorial" (Ogden, 1989) a partir do qual as experiências de qualidade de subjetividade, historicidade e riqueza de significado simbólico possam se desenvolver. Os ataques podem visar ao sistema respiratório associado ao olfato, o sistema visual, o sistema tátil, lembrando que, para Bion (citado por Blèandonu, 1993), o sentido do tato se opõe à confusão entre continente e contido, na medida em que nos tranquiliza ao propiciar o sentimento de que existe uma barreira entre ambos. Os ataques podem visar também ao sistema gustativo, em sua função de propiciar uma espécie de tecido conjuntivo para todos os demais sentidos, promovendo gosto ou desgosto nas atividades de ver, ouvir, cheirar, tocar (Adamo, 1999). Às vezes, o que é visado é um permanente ataque às emoções, em sua função de coordenação entre corpo e mente (Pally, 1998).

Em casos extremos, é o próprio continente primário, em seu conjunto de funções, que visa a um permanente elo de ligação entre psique e soma, que é atacado, levando-o a operar no negativo, ou seja, em um movimento contínuo em direção à negação da realidade somática, da realidade psíquica, negação da verdade, das pessoas, das emoções, que mesmo depois de aniquilá-las, continua destruindo a existência, o tempo e o espaço.

Trago uma experiência clínica a título de ilustração. Trata-se de uma jovem de 24 anos de idade, em análise há mais ou menos três anos, cinco vezes por semana.

A clínica com B.

Até um pouco antes de iniciarmos análise, conforme me relatou, era uma pessoa sensata, equilibrada e bastante procurada por amigos e familiares para opinar sobre seus problemas e decisões. No entanto, já não se reconhecia mais. Estava agitada, sentia-se estranha e tinha medo de enlouquecer. Quando se olhava no espelho, contou-me, tinha a nítida impressão de que aquela não era ela, aquele não era seu rosto, seu corpo.

Durante os primeiros seis meses de análise, B. mal conseguia formular uma frase, organizar algum pensamento a respeito do que se passava com ela. Sentava-se (B. não conseguia deitar-se no divã), olhava-me fixamente, e então ficava em silêncio por um longo período, mostrando-se sonolenta. Em seguida, começava a balançar rapidamente os pés e a enrolar os cabelos com a ponta dos dedos, formando com as mechas pequenos caracóis. Então dizia: "não tenho nada para falar, só quero dormir".

Eu tinha grande dificuldade em compreender o que eram essas ansiedades que B. tentava me comunicar com sonolência e movimento de pés e mãos. Muitas vezes, colocando as mãos nos ouvidos, dizia que sua cabeça estava "estalando", fazendo um barulho insuportável. Qualquer tentativa inicial minha de saber mais sobre sua ansiedade, B. punha-se a dizer que sua cabeça estava estalando, que estava sufocando, que precisava ir embora e dormir. Às vezes, após alguns minutos de silêncio, com a face enrubescida e engolindo saliva sem parar, B. dizia que estava com muita náusea. Em uma sessão, ela pediu para ir embora meia hora antes do término de nosso horário e, no dia seguinte, comunicou-me que saiu para vomitar.

Observando a relação de B. comigo na análise, fui progressivamente compreendendo que, cada vez que ensaiávamos estabelecer uma relação emocional significativa, B. reagia ora com sonolência, ora com movimentos agitados de pés e mãos, com estalos na cabeça, com náuseas e vômito. O contato, substituído por eventos somáticos, mantinha-me eficazmente isolada e fora de alcance. Na contratransferência, usualmente, vivenciava entorpecimento, agitação motora e, muitas vezes, ao término da sessão sentia ligeira dor de cabeça.

Depois de ter acompanhado B. por um longo período, no que penso ter sido uma verdadeira batalha para transformar as associações somáticas em sentimentos e palavras, com a esperança de que isso pudesse produzir um tipo diferente de *pensamento*, comecei a compreender certas coisas.

Aprendi que não podia, durante um longo período na análise, pedir a B. qualquer informação adicional. Qualquer pedido de esclarecimento ou qualquer tentativa minha de introduzir alguma ligação entre os eventos somáticos e a experiência emocional vigente deparava-se com intensificação dos "estalos na cabeça" e estados de sonolência. Além disso, fui compreendendo também que o padrão de comunicação somática de B. não dizia respeito somente às tentativas de escapar da experiência de ter uma mente e de seu desejo de evitar um relacionamento emocional significativo. Ao longo da análise, fui progressivamente aprendendo que os fenômenos somáticos apresentados por B. não diziam respeito somente a suas tentativas de excindir e expelir de sua vida mental experiências aterrorizadoras e intensas. Algumas vezes, B. se utilizava da ajuda do arcabouço físico para poder senti-las e suportá-las. Em uma tentativa de reconstituição de um *self* coeso, emergiam em B. modalidades arcaicas de continência, por meio de uma materialização concreta, no corpo, de experiências provenientes da psique. Por sua vez, os eventos somáticos propiciaram, na medida em que foram acolhidos pela analista como uma continência interpretativa, um movimento de reorganização e retomada da evolução do pensamento.

Um dia B. contou-me que, meses antes de iniciar a análise, sua avó tinha morrido. Falou isso em um tom seco que produziu em mim um forte ruído, um som difícil de descrever. Olhei para B. e a percebi trêmula. Com movimentos rápidos colocava os cabelos lisos e compridos para trás, de forma a não deixar nenhum fio desalinhado.

Comuniquei-lhe que refletir ali comigo sobre a perda de sua avó provocava tamanho tumulto e desorganização em sua mente que, imediatamente, punha-se a *alinhar* os cabelos, como quem tenta *alinhar* as ideias para não enlouquecer.

Após uma pausa, B. trouxe uma lembrança da infância. Contou-me que, quando tinha 5 anos, subiu na tampa da privada para dar descarga e escorregou. O vaso sanitário se quebrou e cortou sua barriga: "foi um corte fundo" – disse – "e as minhas tripas pularam para fora".

As palavras trazidas por B., a imagem forte e drástica evocada pelo seu relato provocaram em mim estranhas sensações na região abdominal. Após o impacto inicial, observei-me protegendo fortemente minha barriga com os braços e as mãos, formando uma espécie de escudo protetor às minhas entranhas. Lembrei-me, então, do conceito de "escudo protetor" de Freud, do conceito de "barreira de contato", expandido por Bion, e passei a considerar que, a partir da imagem de um "corte profundo na barriga e das tripas saltando para fora", B. estava me auxiliando a compreender melhor o que se passava em sua mente. Ao me contar, por meio de sua memória-sonho, o que havia acontecido com seu corpo, B. estava sendo capaz de me levar a compreender melhor o que queria me comunicar ao dizer que estava com medo de enlouquecer.

As estruturas psíquicas que mantinham e asseguravam delimitação e contato entre soma e psique, dentro e fora, consciente e inconsciente estavam sob o efeito de um rasgo profundo. O que era para ser mantido dentro, em estado de proteção e delimitação, saltou para fora de forma abrupta e aberrante, colocando em risco sua sobrevivência psíquica. Comuniquei a B. que algumas experiências, especialmente as experiências de perda, estavam provocando um rasgo profundo em sua mente, como aquele que ocorrera em sua barriga quando criança, fazendo pular para fora coisas que nem sabia que faziam parte dela mesma. Disse também que essas vivências a apavoravam, faziam-na entrar em verdadeiro terror, levavam-na a um intenso medo de enlouquecer.

Após minha fala B. contou-me que, na época em que sua avó morreu, ela resolveu colocar silicone nos seios: "eles eram" – disse – "muito pequenos e feios".

Enquanto eu tentava discriminar a desordem na mente de B., ela me trazia outra imagem relacionada ao seu corpo: "o uso de silicone para ficar com seios bonitos e de mulher". Não sabia direito o que fazer com essa sua revelação. Conseguia somente me lembrar de um trecho de Platão: "a alma presa no corpo como um prego".

Quando B. retornou no dia seguinte, o que tínhamos vivido em nosso último encontro parecia, então, uma miragem. Nessa sessão, e por muitos meses, ela retomou seu padrão habitual de comunicação. Poucas palavras, agitação motora, agitação estomacal, queixas de "estalos na cabeça" e sonolência. Além disso, B. começou a tomar remédios para dormir, os quais conseguia clandestinamente e ingeria de forma indiscriminada. Começou também a fazer uso de maconha e bebidas alcoólicas. Dizia-me com frequência, nessa ocasião, que não queria falar nada, que só queria dormir.

Em uma segunda-feira, B. chegou muito assustada: "você não sabe o que aconteceu comigo nesse final de semana, tive um *apagão*, tive que ir para o hospital, quase entrei em coma". Ela estava nitidamente assustada. Disse várias vezes, nessa sessão, que não queria morrer, que só queria dormir, que não aguentava aquela agitação toda, o tempo todo, que só queria dormir para descansar. Foi possível, então, retomar a questão sobre seu medo de enlouquecer e sua crença de que a única maneira de lidar com o que "saltava para fora de forma abrupta e aberrante" era o nocaute, ou seja, derrotar o que lhe apavorava pela inconsciência. A língua inglesa tem uma frase interessante para descrever esse fenômeno: "*sleep it off*", ou seja, "livre-se disso pelo sono".

Em seguida B. disse-me que, quando acordou e foi para casa, estava com muito medo. Colocou-se debaixo das cobertas e pensou: "o meu corpo tem limites, eu não posso ficar bebendo, fumando e tomando remédios para dormir da forma como estou fazendo. Eu não quero morrer", frisou.

Até então, o efeito químico das drogas, seu desejo de permanecer dormindo, o descaso com o próprio corpo eram considerados como anônimos, privados de significação. Nessa sessão, B. começa um processo de ligação da fenomenologia bruta do corpo, com a globalidade de sua experiência psíquica. Esse fato abriu caminho para refletirmos como B. vinha explorando sem limites suas condições físicas, desvalorizadas e atacadas com desprezo, a ponto de causar-lhe o colapso de qualquer possibilidade de autocontenção.

Na sessão seguinte B. voltou ao mesmo assunto, dizendo que se seu corpo tinha limites, então a agitação em que vivia também: "eu achava que o que eu vivia era infinito, não tinha fim, e aí eu entrava em desespero, mas a conversa de ontem me fez pensar que tudo tem limite, o meu corpo, o que eu sinto, o que eu vivo".

Parece-me que B. teve de ir até às últimas consequências, negar suas necessidades físicas até chegar a um estado de colapso, para poder reconhecer que, além de um corpo, possuía também uma mente, e que ambos não eram nem um infinito informe e tampouco eram desconectados um do outro. B. teve de chegar a um estado de quase total falência física e psíquica para recuperar uma experiência de contenção e ligação.

No dia seguinte, B. trouxe um sonho: "estava no hospital para tirar o silicone dos seios, estava descontente e rebelde, não queria ficar sem eles, mas o médico me garantia que não ia ficar um buraco vazio, sem nada". A análise desse sonho nos levou de volta à perda de sua avó, única pessoa da família com quem B. tinha uma relação emocional significativa. Disse-me que ao saber da morte súbita de sua avó ficou transtornada e que não conseguia entender o que aconteceu. Não conseguiu chorar, não conseguiu ir ao enterro e tampouco sabia onde a avó estava enterrada. Disse, ainda, que até o presente momento não conseguia perceber que sua avó não estava mais viva. Às vezes, frisou, ficava com muito medo de ficar sozinha em casa, tinha medo que ela fosse aparecer, como um fantasma, e tinha medo também de saber que ela já não existia mais: "ela estar morta" – disse – "é como cair num vazio enorme, sem fim".

Nessa ocasião pude compreender melhor como, face a vivências de perda e vazio e submersa em um estado apavorante de perda de significação, B. agarrava-se ao corpo, à materialidade e concretude do que era proveniente de sua fisicidade, em uma tentativa de impedir o fluxo incontido das sensações e, assim, aprisionar o apavorante e aberrante.

A necessidade de preencher rapidamente o vazio, o nada, levava B., por um lado, a saturar sua mente com "barulhos" provocados pelos "estalos na cabeça" e, por outro, a querer se livrar dessa vivência por meio de estados narcotizantes e vômitos. No entanto, a angústia somatizada "como num jogo de caixas chinesas, onde o objeto contido se torna continente" (Piperno, 1995), teve também por efeito comunicar-me sua terrificante situação real de desorganização psicótica.

Promovendo permanentes ataques ao conjunto de funções que visam a um contínuo elo de ligação entre psique e soma, B. chegou à análise apresentando uma *psique desencorpada*, com hiperinvestimento na atividade mental intelectiva, acreditando-se capaz de oferecer conselhos e orientações a amigos e familiares. Dessa forma, o discurso mantinha-se inteligível, carregado de sensatez e de ponderação, porém desligado das mensagens afetivas do psiquismo. Além disso, sob o efeito de uma vinculação esterilizante entre psique e soma, o corpo da menina-mulher, representante primeiro dos conflitos e fantasias relacionadas à própria sexualidade, era um corpo desmentalizado, vivido, em fantasia, como uma engrenagem inanimada a ser manipulada pelo uso de próteses e medicamentos que induziam ao sono, à embriaguez e à narcose.

A intensa negação da psique e soma em permanente estado de ligação levaram B. a desenvolver operações mentais que tinham por efeito um movimento contínuo em direção à negação de sua realidade somática, de sua realidade psíquica, negação das emoções, da existência, do tempo e do espaço, que desembocavam em crises de despersonalização e intenso medo de enlouquecer.

Nessas circunstâncias, a análise de B. mostra uma referência constante à possibilidade de restituição de férteis elos de ligação entre corpo e mente, no início como um eixo fundamental de contenção surda, concreta, da vivência psicótica e, depois, de maneira mais articulada, como uma forma de alcançar significação para um estado mental particular.

Chama a atenção a precisão e a densidade significativas da representação onírica utilizada por B., nos momentos em que elegeu como símbolo o próprio corpo, quer seja quando trouxe sob a forma de memória-sonho a imagem do corte profundo no abdome e a exposição abrupta de sua interioridade, quer seja por meio do sonho no qual aparece a possibilidade de tirar o silicone dos seios, e a confiança de que isso não a remeteria a um estado de vazio insuportável. Como entidades cindidas, autônomas e inconciliantes, corpo e mente tornavam-se, em consequência dessa cisão artificial, informes e infinitos. Como unidade indivisível contribuíram o corpo, com sua concretude e imediata fisicidade, e a mente, com sua capacidade para representação, para conservar os significados das experiências sensorial e emocional, tornando possível seu registro e transformações posteriores.

Discussão

Conjecturar sobre um continente primário, ou seja, sobre o desenvolvimento de uma complexa estrutura tecida por conjunções fisicopsíquicas, possibilita agregar vários conceitos sobre a relação entre psique e soma. Coloca ênfase nas noções de Winnicott (1949) sobre uma tendência herdada no sentido de chegar a uma unidade da psique e soma; auxilia a compreensão de como as sensações corporais podem ser transformadas em fantasias inconscientes (Klein, 1928); de como os elementos beta podem ser evacuados por meio de distúrbios psicossomáticos, atacando a parte fisiológica como pseudossímbolos cuja função é essencialmente assimbólica (Meltzer, 1988); de como as doenças somáticas podem ter como efeito atrair a associação íntima original com o corpo, favorecendo o desenvolvimento da psique (Winnicott, 1949; 1964). Traz algum esclarecimento sobre a somatização como expressão de expansão das funções psíquicas ao se apoiarem no corpo – "facilitações psicossomáticas" (Dejours, 1991) – e, também, sobre a somatização como expressão de um acúmulo de experiências emocionais não transformadas pela função alfa, vividas como estímulos perturbadores a serem permanentemente evacuados pelas inervações somáticas (Bion, 1962a; 1962b).

A noção de um continente primário fornece um *mapeamento* de uma organização psíquica apta a promover, a partir de um contínuo trabalho de ligação entre soma e psique, um estado de personalização (*I-ness*), o qual fundamenta um vínculo intrapsíquico capaz de conectar diferentes elementos da mente em conjunção constante. O próprio trabalho de ligação tornando-se um objeto significativo que tem como protótipo a ligação entre boca e mamilo, posteriormente entre o par sexual.

Falhas na constituição de um continente primário podem produzir uma espécie de desastre na personalidade, uma falência anímica (Bion, 1960), a qual implica uma noção de que já não é mais possível estabelecer um comércio entre soma e psique e subsequente comércio entre espaço interno e espaço externo. Resulta daí um perigo constante de iminente desintegração do *self*, pois os sistemas físico e psíquico apresentam-se em contínuo estado de indiferenciação e des-ligamento, gerando uma aflição originária, fruto de um severo comprometimento na estruturação somatopsíquica, a qual pode se manifestar tanto sob formas somáticas quanto sob formas psíquicas.

6
O continente psíquico: dinâmicas de relação continente-contido[9]

Partindo da experiência clínica psicanalítica com pacientes que apresentavam padrões repetitivos de comunicação, que pareciam agrupar um conjunto de mecanismos para criar estados mentais no qual ficavam estagnados, isolados e fora de alcance, e fundamentada no estudo dos processos do desenvolvimento do pensamento, elaborado por Bion (1962a; 1962b; 1963; 1965; 1970), formulei estruturas psíquicas subsidiadas por dinâmicas específicas de relação continente-contido que abarcam tipos especiais de sistemas defensivos *sustentados em uma permanente adulteração da função continente de objeto.*

Na época em que elaborava essas hipóteses, encontrei uma formulação interessante de Green (1986), de uma de

9 Capítulo da tese de doutorado em Ciências Médicas, defendida na Área de Saúde Mental, em agosto de 2004, na Unicamp.

suas conferências proferidas em São Paulo. Sugeriu o autor que certo contido não se aloja em um único continente, que determinado continente se subdivide em uma série de outros que abrigam um mesmo contido, porém o fazem por meio de diferentes estruturas defensivas.

Fortalecida pela formulação de Green, passei a conjecturar que as configurações de continente-contido denunciam diferentes formas de neutralização da ameaça permanente de aniquilação do *self*, seja a partir de um contínuo apagamento dos afetos libidinais e agressivos em relação ao objeto (*continente flácido*), da manutenção da onipresença do objeto (*continente autotélico*) ou de permanente desqualificação do objeto (*continente complacente*).

As múltiplas dinâmicas de continente-contido subsidiam e são subsidiadas por diferentes conjuntos de defesas que trazem em si alguns traços em comum. Sustentam os fundamentos de um refúgio narcísico (Steiner, 1993), poderosas organizações defensivas caracterizadas por defesas extremamente rígidas, que funcionam para neutralizar as angústias de qualidade catastrófica que emergem a partir do mundo relacional com suas complexidades e conflitos.

Situações de dúvidas, incertezas, ciúme, inveja, situações eróticas e de desamparo são vividas como ansiedades avassaladoras, que necessitam de imediata e eficaz neutralização. O sucesso dessa operação manifesta-se, em caso extremo, pela extinção da atividade projetiva, que se traduz pelo sentimento de morte psíquica. Nesse caso, o objeto já não é mais canibalisticamente devorado (continência autotélica) ou permanentemente desqualificado em sua distinção e valor (continência complacente), mas sim transformado em um objeto inexistente (continência flácida).

As distintas dinâmicas de continente-contido traduzem diferentes formas de desinvestimento no objeto, as quais mantêm o *self* continuamente em oposição ao "objeto gerador de vida". Esse conceito, formulado por Symington (2003), designa um objeto interno, fantasmático, que não pode existir independentemente de um seio, de uma mãe, de uma vagina, de um pênis, de um pai, e que tem como função dar suporte à vida física e psíquica.

O abandono parcial ou recusa a esse objeto resulta no desenvolvimento de *subselves* dissociados que entram em conflito entre si, desafiando a integração e comprometendo o sentimento de um agente espontâneo de iniciativa. A ideia central de Symington parece ser que o equilíbrio entre um estado saudável de mente e o mecanismo patológico está no modo que o indivíduo elabora suas feridas narcísicas – ao se render a elas torna-se um prisioneiro, neste caso, de um maligno sabotador interno, porém, se apegar-se à dádiva da vida (personificado pelo gerador de vida), mantém um sentimento de fé (esperança).

Para Symington, o bebê/criança torna-se narcisicamente enfermo em virtude de uma contínua oposição ao objeto gerador de vida, utilizando-se de soluções mágicas para evadir-se da realidade e evitar o contato com a realidade externa. Essa suposição é baseada no conceito de narcisismo como uma fantasia permanente internalizada de objetos com os quais o sujeito identifica-se introjetivamente e que revelam como transformou a percepção de seus objetos por intermédio de primitivas defesas esquizoides e maníacas (Klein, 1946). Decorre daí um objeto interno característico a um sabotador interno, construído pelo ego ideal, e o *self* onipotente, denominado por Rosenfeld (1987) "relação de objeto narcísica onipotente".

Alguns teóricos enfatizam as condições traumatizantes (relações objetais que não oferecem requisitos mínimos de espelhamento, monitoramento, *rêverie*, para que se desenvolva um sentido de autocoesão) para explicar a origem do narcisismo (Fairbairn, 1940; Kohut, 1971), outros, adeptos de Klein, postulam que uma intensa ansiedade, localizada no interior da personalidade, cuja origem encontra-se na pulsão de morte, leva o sujeito a empurrá-la para fora e alocá-la em objetos externos.

Para Symington, o narcisismo patológico diz respeito a uma resposta individual do sujeito a situações traumáticas, a resposta narcísica implica uma oposição ao objeto gerador de vida. Os objetos internos persecutórios não seriam constituídos pela presença do instinto de morte, mas sim criados por meio dessa recusa básica.

Cabe, nesse momento, uma questão fundamental: se a experiência clínica revela, como tão bem esclarece Symington, que os pacientes narcisicamente enfermos não reconhecem ou recusam o objeto gerador de vida como uma resposta possível a vivências que fazem emergir uma dor extremada, o que possibilita a busca de um objeto gerador de vida?

Aqui, penso, a noção de um *continente primário* mostra sua significância. Considero que as estruturas psíquicas capazes de propiciar que os dinamismos do soma tenham uma contínua participação nos dinamismos da psique, e vice-versa, são fundantes na manutenção de uma escolha inconsciente em direção ao objeto gerador de vida.

Um corpo como um conjunto de funções (sensoriais, metabólicas, fisiológicas etc.) que tenha podido vivenciar desde o início da vida mental uma experiência de *rêverie* materna pode, a partir desse processo, constituir-se como o lugar de onde emanarão as forças que procuram torná-lo um sujeito desejante, colocando-o permanentemente em busca de um gerador de vida.

Cindido das funções mentais, resta ao corporal, com suas múltiplas sensações enteroceptivas e estimulado frequentemente pelo meio externo, funcionar ao modo de uma caixa lacrada da qual não é possível extrair nada e na qual nada é possível introduzir. O soma, "a parte de si por seu estatuto originário" (Ferrari, 1995), impossibilitado de se inserir e se manter no campo do imaginário e, portanto, restrito ao fisiológico, passa a representar a única contenção possível para um *self* submerso em uma confusão de sensações desordenadas, difusas, indiferenciadas. As vivências emocionais ligadas às sensações corporais, uma vez incapazes de serem unificadas e contidas pelo sistema psíquico, passam a substituí-lo, levando a um modo peculiar de desconhecimento do psíquico pela via de sua cisão de um corpo considerado cartesianamente como mecânico e, portanto, alheio ao psíquico, e que passa a substituí-lo (Ahumada, 1999).

Instala-se, assim, uma qualidade peculiar de não resposta ao humano, um hiperinvestimento no soma e nas funções intelectivas, com crescente aniquilamento da subjetividade. Uma espécie de desânimo e horror em relação à própria mente, esta também uma caixa lacrada da qual nada é possível extrair e nada introduzir. Acompanha esse funcionamento uma exasperada tentativa de autarquia como necessidade de controle, pois a vivência emocional é a de quem ficou do lado de fora, querendo desesperadamente entrar, mas sem saber como. Decorre daí uma tentativa maciça de bloqueio da experiência emocional com hiperinvestimento em tudo o que é visível e palpável, inclusive o próprio mundo somático, acompanhado pelo desenvolvimento cada vez mais sofisticado de um pensamento operatório como proteção ao teste da realidade e contra o funcionamento associativo e pré-consciente, de onde haveria o risco de surgirem emoções que o sujeito não consegue experimentar tampouco sentir no outro. Esse funcionamento, fruto de uma ligação débil e debilitante entre os sistemas físico e psíquico, compromete a própria capacidade vital do sujeito, colocando-o permanentemente em um estado de ignorância ou repúdio ao objeto gerador de vida.

Partindo agora da noção de um continente primário, que em sua função de manter soma e psique em um contínuo trabalho de ligação propicia o sentimento de um agente espontâneo de iniciativa em direção a um objeto gerador de vida, conjecturo que falhas na constituição desse continente podem acarretar o desenvolvimento de subcontinentes que operam, predominantemente, uma função desobjetalizante (Green, 1988b). Nesse caso, em lugar da função simbólica, crescem mecanismos automutilantes do pensamento (Green, 2000) que interferem radicalmente na ramificação e progressão do pensamento simbólico, impedindo a autoinvestigação e o trabalho analítico, à custa, em casos extremos, da própria morte da representação. As experiências sensorial e emocional são tão evitadas e bloqueadas que resultam em uma relação objetal estática, comprometendo o desenvolvimento do pensamento.

Os elementos beta em acentuado estado de dispersão e buscando um continente são, nesse caso, permanentemente somatizados, flacidificados, sorvidos com avidez e voracidade ou, então, continuamente desqualificados. Decorre desse processamento um *protótipo abortivo* do contido que, por sua vez, passa a usar o estado de dispersão como um continente flácido, autotélico ou complacente. Esse processo realiza um protótipo igualmente abortivo de PS ⇔ PD, ou seja, dos movimentos de integração e desintegração do *self* e do objeto, os quais, para Bion (1963), fundamentam a *manufatura* e o desenvolvimento do pensamento. Nessas circunstâncias, instalam-se táticas defensivas mais potentes, que atingem as pilastras da vida psíquica e resultam em um funcionamento mental próximo a uma quase total eliminação do equipamento continente-contido.

Sumarizando, ligações débeis e debilitantes entre psique e soma podem levar ao desenvolvimento de um subcontinente psíquico que, por meio de permanente flacidificação do contido, em vez de propiciar sentidos e significados, promove analgesia e amorfia. Nesses casos, não temos como resultado uma imagem aos pedaços,

> temos uma destruição da imagem, um borrão ou o seu desaparecimento gradual, que cria um ferimento na mente, produzindo uma hemorragia da representação, uma dor sem qualquer imagem de ferimento, apenas um estado de vazio, ou um buraco (Green, 2000, p. 141-142).

Essas estruturas defensivas funcionam como uma espécie de bolsão desvitalizador, uma espécie de zona morta de insensibilidade, que cria permanentemente um espaço psíquico que desvitaliza os recursos orgânicos, as experiências sensoriais, as emoções, de tal forma que, uma vez esvaziados de sentido e significações, os contidos amorfos não são mais capazes de despertar vigor e interesse em representá-los. Instala-se, assim, uma espécie de círculo vicioso que tem como produto final o progressivo comprometimento da realização emocional, do sentido e do significado.

Um continente primário impossibilitado de funcionar como um estabilizador da manutenção da coesão entre os funcionamentos somático e psíquico pode gerar também o desenvolvimento de uma organização defensiva autotélica, isto é, uma organização que mantém um processo mental em ativa expansão, em uma busca de unidade para os *subselves* dissociados, mas operando para manter a coerência interna do sistema alucinatório. Estruturas fechadas em si mesmas, gerando permanentemente a mesma experiência, criando constantemente um estado mental ilusório. Ante a ameaça de destruição total, esse subcontinente organiza e comanda defesas psicóticas, funcionando à maneira de uma *caixa lacrada*, capaz de manter firmemente isolados conteúdos de *alta radioatividade*. Uma espécie de cripta que mantém firmemente isolados, em seu interior, os conteúdos que ameaçam o *self* de aniquilamento. Providências fundamentais para lidar, por meio de selamento e isolamento, e por meio de uma capacidade para soldar interstícios, com conteúdos vividos como sendo de alta periculosidade.

Conjecturo também que falhas na constituição de um continente primário podem gerar um complexo sistema defensivo por meio do qual *sim* e *não*, *ausência* e *presença* são simultaneamente aceitos e rejeitados, retirando deles suas qualidades específicas, a ponto de deixarem de se constituir em forças a dinamizar o mundo mental.

Ao considerar diferentes dinâmicas da relação continente-contido, penso estar expandindo possibilidades de apreensão de diferentes formas de *adulteração* da função analítica, em uma tentativa de aferir nossos instrumentos de observação, discriminação e avaliação do funcionamento mental do paciente e do processo analítico.

Esses funcionamentos provocam estímulos poderosos na mente do analista. Pode ser insuportável, para o analista, permanecer diante de estados mentais de vazio afetivo, confrontado permanentemente com criações mentais repetitivas e quase absolutamente imunes aos desenganos de sua produção final e, nesses casos, para se livrar do desconforto experimentado, pode lançar mão de dinâmicas somatoformes, flacidificantes, autotélicas e/ou complacentes.

O analista pode se envolver com atividades ligadas ao próprio corpo, desvinculadas do paciente, pode experimentar fortes dores de cabeça, sono, dores no corpo. Pode criar em sua própria mente um *outro paciente* e uma *outra análise* que não aquela que se apresenta em curso e, assim, oferecer interpretações que, em vez de auxiliarem a alcançar o paciente, promovem maior retraimento, estagnação e isolamento. Nessas circunstâncias, por meio de uma continência autotélica o analista substitui a situação analítica em curso por outra de sua própria criação, sem se dar conta do engano cometido.

Para se livrar do desconforto de estar perante um paciente tão fora de alcance, o analista, utilizando-se de mecanismos que promovem flacidificação, pode tornar amorfos e indeterminados os conteúdos apresentados pelo paciente, provocando, na própria mente, um confortável estado de letargia e entorpecimento.

Muitas vezes, a partir de uma continência complacente, o analista pode propiciar, por meio de pseudointerpretações, a instalação, na análise, de pactos perversos que propiciam operações conjuntas que têm por efeito aniquilar as evidências que poderiam promover o encontro com os aspectos intoleráveis de sua própria personalidade e da personalidade do paciente. Nesses casos, assim como ocorria com os personagens do filme *Amnésia*, a relação analítica passa a desempenhar uma função predominante de despiste conjunto.

No entanto, o analista pode também se mostrar capaz de manter alguma distância em relação à dinâmica apresentada pelo paciente, sem se deixar engolfar completamente por ela, sendo-lhe então possível investigar a natureza da organização continente-contido em curso. Para tanto, conforme propôs Caper (1995), o analista deve ter uma relação apaixonada com seus objetos internos – uma mente própria –, especialmente um elo com a psicanálise, que funciona como um terceiro no pensamento. É esse elo que permite ao analista tratar o funcionamento mental do paciente como objeto de conhecimento e, portanto, interpretável. O objeto interno que ajuda o analista a sustentar o processo analítico é a própria psicanálise, como um tipo de investigação empírica que evoca uma paixão ativa no analista, pelo tipo de conhecimento que proporciona.

Isso implica, penso, a noção de que as teorias psicanalíticas referem-se a modelos descritivos da mente, isto é, construções cada vez mais complexas sobre o aparato mental que auxiliam o profissional a pensar e a descrever os fenômenos com os quais se depara no trabalho clínico. Por não engendrarem uma ideia de causalidade que potencialmente pode ser expressa em termos matemáticos, as teorias psicanalíticas referem-se a modelos descritivos que podem somente ser apresentados em termos metafóricos, com grande potencialidade de abstração, ao contrário do modelo científico que processa uma lei genérica (Meltzer, 1989).

Nessa perspectiva, as dinâmicas de continente-contido ora discutidas devem ser vistas como parte de um modelo que tenta esclarecer funcionamentos psíquicos, por meio dos quais a experiência emocional pode ser tão evitada que resulte em um imobilismo da relação objetal e do desenvolvimento do pensamento.

Conjecturo também que essas diferentes dinâmicas não se apresentam de forma excludente, uma se estabelecendo em detrimento de outra, mas que se sobrepõem, se conectam e se ramificam. Nesse sentido, penso estar introduzindo um modelo para pensarmos o espaço mental como um complexo território multidimensional que abrange inúmeros sistemas interligados, cada um apresentando diferentes dinâmicas de continente-contido interligadas de forma peculiar. As diferentes dinâmicas de continente-contido geram produtos que subsidiam diferentes estruturas defensivas, sustentadas em diferentes níveis de simbolização, a cada nível de representação simbólica correspondendo determinadas dinâmicas interligadas de continente-contido, que permitem a transformação de diferentes conjuntos de ansiedade.

Nesse modelo, o espaço psíquico é representado por um universo em constante expansão e retração, constituído por um conjunto de sistemas inter-relacionados, por estruturas nascentes, por vazios a serem preenchidos, cabendo questionar se as propriedades apresentadas pelos continentes flácido, autotélico e complacente implicam necessariamente distúrbios do pensamento. Não poderiam ser também a manifestação de estruturas dos primórdios de sua evolução, caminhando em direção a uma capacidade simbólica e, portanto, denunciando exageros comuns a qualquer aprendiz novato em seu ofício?

Conceituar, a partir da clínica, a partir dos sintomas, acaba também desvendando "normalidades". O sintoma, semelhante a uma lente de aumento, coloca em evidência, exagera, manifesta, por vezes, o que há de oculto no funcionamento dito normal.

Na busca de nosso destino último, ou para expressar nossas intuições, necessitamos, ao menos nos primeiros momentos, entrar em estados de isolamento e entranhamento, necessitamos nos libertar do turbilhão de imagens, desejos e emoções. Necessitamos também de quase total imunidade aos desenganos do produto final. Precisamos acreditar que todas as nossas necessidades serão satisfeitas a partir do que produzirmos. Chegada a noite, julgamo-nos no direito de nos fechar no sistema de nossa escolha, quase sem nenhum compromisso com a realidade, cerrados em nós mesmos, rompendo com as normas estabelecidas e adentrando irrealidades: inventamos.

Sabemos que são saltos surpreendentes da imaginação que caracterizam toda a arte dita de primeira ordem. A inventividade é o ponto principal da arte. Tornar aceitável o absurdo, transmudar o impossível em possível, suspender temporariamente as leis que regem o universo são matéria-prima do ato criador.

Utilizar o arcabouço físico, apagar e suprimir o contido, revesti-lo com um sistema explicativo único, acolher todos os conteúdos sem que transpirem quaisquer contradições parecem ser propriedades essenciais de um continente capaz de adesividade, maleabilidade, coesão, convergência, expressividade e continuidade. As propriedades de adesividade e não adesividade, convergência e não convergência, expressividade e não expressividade, continuidade e não continuidade podem ser características de um continente apto a infindas significações, e não necessariamente uma forma outra de sustentar e transformar o contido, uma forma *patológica*, completamente distinta das consideradas *normais*. Provavelmente, são o manejo rígido e a hipertrofia desses elementos que apontam para a existência de um sistema defensivo altamente organizado e rigorosamente mantido.

Essas características de um continente psíquico podem também ser a manifestação de transformações mais ou menos passageiras utilizadas para enfrentar a dor psíquica ou, ainda, em um movimento mais drástico, constituírem-se em uma organização defensiva que *simula* uma função continente de objeto e que tem por efeito propiciar um refúgio narcísico. Nesse caso, instala-se no interior do espaço mental um continente psíquico que impede o reconhecimento e a validação da própria experiência de ter uma mente.

O ponto central do meu pensamento está sustentado na concepção de um mundo interno constituído por um continente psíquico capaz de promover uma sucessão de projeções, introjeções e reintrojeções do *objeto pensante*, isto é, um objeto com capacidade de estabelecer combinações peculiares de vínculos de amor, ódio e anseio de conhecimento. Esse objeto se torna o núcleo de uma dinâmica de relação continente-contido com capacidade para transformar as experiências sensorial e emocional em elementos para formação de imagens, ideias, palavras, memórias; elementos essenciais para o trabalho de sonho, simbolização, pensamento.

Expandindo essa conceituação, proponho múltiplas dinâmicas de continente-contido para esclarecer distúrbios da função continente de objeto (ou seja, do núcleo receptor-transformador das experiências sensorial e emocional). Essas dinâmicas subsidiam e são subsidiadas por complexas estruturas defensivas altamente organizadas, que têm por efeito promover uma prótese ou remendo no ego, danificado em razão de uma fundamental cisão entre corpo e mente. Partes do *self* se agregam para *corromper* a função continente de objeto, estabelecendo uma relação continente-contido que sustenta uma complexa organização defensiva narcísica e resulta em um estatismo da relação objetal e do desenvolvimento do pensamento.

A organização defensiva subsidia e é subsidiada por diferentes dinâmicas do continente-contido, com características essencialmente parasitárias ou comensais, que funcionam para ajudar o indivíduo a fugir da ansiedade, evitando o contato com a realidade e com as pessoas, por meio de *permanente "adulteração" da função continente de objeto.* Operações de negatividade que prejudicam os processos simbólicos e que, em sua radicalidade, esvaziam e exaurem o aparelho psíquico.

Essas formulações estão alicerçadas na experiência clínica e, a partir do relato dessas experiências, tentei elucidar como as distintas dinâmicas de continente-contido atuam nas interpretações do analista, seja fazendo-as desaparecer, seja incorporando-as de forma canibalística ou mesmo desqualificando-as. Proponho que a capacidade de discernimento, acompanhada de trabalho interpretativo dessas dinâmicas à luz do processo transferencial-contratransferencial, é elemento fundamental para a evolução do processo analítico.

Devem existir outras tantas arquiteturas de continente-contido que promovem e mantêm de forma ativa uma dinâmica própria de organizações defensivas e que, ao mesmo tempo, podem revelar a existência de elementos que constituem um conjunto de operações que fundamentam a *manufatura* e o desenvolvimento do pensamento.

7
Sobre o *splitting* entre animado e inanimado a partir de uma experiência clínica[10]

I

Chamarei de X. uma paciente de 25 anos, em análise há mais ou menos seis anos, quatro sessões por semana.

Em nosso primeiro encontro, assim que chegou a minha sala e se sentou, perguntou-me se eu tinha horários para análise. Perguntei o que havia lhe motivado a buscar esse tipo de tratamento: "para me conhecer melhor", respondeu. Fez-se daí um longo silêncio, que foi interrompido por mim querendo saber um pouco mais sobre sua vida. Ela então disse que estava no segundo ano de faculdade, que era filha única e que seus pais moravam em outra cidade. Respondeu

10 Trabalho publicado na *Revista Alter*, v. XXVIII, n. 2, p. 73-84, 2010.

a minhas perguntas como quem responde a um questionário, não demonstrava ansiedade, confusão ou angústia. Queria se conhecer melhor. Só isso, nada mais que isso. Aceitou prontamente os horários, as quatro vezes semanais e o uso do divã.

Pensei, na época, que muito provavelmente, às voltas com possibilidades de ruptura no funcionamento psíquico alcançado até então, X. procurava-me em uma tentativa de evitar tal acontecimento e a consequente erupção de vivências catastróficas. Mas ela não tinha consciência disso, ou melhor, não dava nenhum sinal de que tinha alguma consciência de que estava vivenciando algum tipo de ameaça. Buscava análise como quem busca um curso de especialização: "para se conhecer melhor".

Os encontros com X. têm sido penosos. Uma característica central da análise com essa paciente são os relatos sem vibração a respeito, até um ano atrás, de seus estudos, e agora que já está formada e trabalhando em uma empresa, fala basicamente sobre a sobrecarga com suas atividades profissionais: "tive prova ontem... Amanhã tenho que entregar um relatório... No próximo sábado vou ter aula o dia inteiro..."; e mais recentemente: "passei o dia todo correndo de um lado pro outro, visitando um departamento e outro da empresa... Agora estou na etapa de ver se o meu projeto vai mesmo funcionar etc. etc.". Quando, raramente, X. me relata algo sobre seus colegas, nunca os nomeia.

É muito difícil acompanhar essas suas falas *sem nome*, nada é caracterizado, nada tem cor, sabor, cheiro ou alguma peculiaridade que me remeta a uma associação livre de ideias, capaz de me ajudar a construir um trabalho interpretativo. Sua fala é repetitiva, há pouca alteração no repertório e as frases não parecem ter um elo dinâmico, parecem flutuar em uma zona morta, indistinguíveis em si e entre si. A análise parece transitar em um *vácuo emocional*, deixando-me com a impressão de que posso ficar ali com X. em quase absoluta estagnação e que isso para ela é satisfação. Progressivamente vou mergulhando em um estado de quase total ausência de curiosidade e sentindo cada vez mais o equivalente a uma perda de minhas funções mentais, como se nada estivesse sentindo, imaginando, pensando.

Com muito esforço venço essa *barreira inanimada* e comunico a X. como a estou percebendo: tensa, preocupada ou com medo. Na maioria das vezes X. reage com maior imobilismo, seu corpo fica ainda mais rijo no divã, paralisado, quase sem sinal algum de vida, e após um longo silêncio ela retorna a sua comunicação habitual, como se nada tivesse acontecido: "tenho que estudar esse final de semana...". Nesses momentos, X. me faz sentir quase que completamente oca, sem saber o que lhe dizer, sem conseguir encadear algum pensamento que possa nos ajudar a compreender o ocorrido.

No entanto, algumas vezes, ante minhas tentativas de lhe oferecer compreensão, X. tenta dar prosseguimento a minha fala. Nessas ocasiões ela murmura alguma coisa, para mim, ininteligível. Balbucia. Movimenta lábios e mãos, porém sem conseguir formular uma frase. São palavras entrecortadas, frases sem verbo. Em seguida ela fica um longo tempo em silêncio.

No decorrer dos seis anos de análise, em alguns momentos não me senti *desmentalizada*, com o corpo pesado e em desconforto. Foram momentos rápidos, fugazes, quando X. disse algo que me chamou a atenção e despertou minha curiosidade, mas é como se o seu relato tivesse saído do nada, era uma fala solta, isolada, desprovida de eixos unificadores.

Nesses momentos, eu saía da apatia, ficava curiosa, surpresa, porém incapaz, na sessão, de utilizar o que X. me relatava para encadear um trabalho interpretativo.

Mais ou menos seis meses após o início da análise, X. disse, entre um silêncio e outro e meio de supetão: "eu sou adotada". Quis saber um pouco mais sobre isso e X. então falou que nunca havia contado a ninguém, as únicas pessoas que sabiam eram seus familiares. Três meses depois disse-me que fora adotada logo ao nascer.

Um ano depois, entre uma frase e outra referente a seus estudos, mencionou: "ter sido adotada não me diz nada, é um buraco". Em uma ocasião, mais ou menos dois anos após o início da análise, X. reclamou dos insistentes telefonemas de sua mãe para saber como ela estava (a mãe deixava recado na secretária eletrônica e X. não respondia). Perguntei-lhe o que a incomodava. Ela disse: "acho que é porque me fazem lembrar que eu tenho mãe". Nesse período da análise comecei a elaborar que, talvez, em uma tentativa extrema de apagar sua história de adoção, X. *alucinava* ser a habitante de um mundo quase que totalmente destituído de objetos vistos, vivos e em constante interação e combinação. *Alucinava* a si mesma como alguém criado pelo ambiente por uma espécie de inércia, alguém cujas origens primárias se apoiavam em nada. Não se percebia como tendo pais, como sendo filha e parte integrante de uma família, e isso provavelmente lhe trazia uma vivência angustiante de não pertencimento, de não existência. No entanto, só mais recentemente é que estou conseguindo conversar com X. sobre isso; até então, quando tentava estabelecer um diálogo a respeito de como, para não sofrer, ela apagava sua história e ficava, em consequência disso, sentindo-se sem raízes ou despatriada, X. ficava completamente muda, imóvel no divã, e eu com a sensação de que estava provocando uma dor maior do que ela poderia suportar.

Em uma dessas minhas tentativas de conversar sobre seu profundo sentimento de não pertencimento, X., em uma livre associação de ideias, me falou sobre um filme a que havia assistido. Estávamos em nosso terceiro ano de análise quando ela me contou sobre A *lenda do pianista do mar*: "É sobre um garoto que ficou sem os pais logo ao nascer e que passou a ser cuidado por um homem que trabalhava num navio como carvoeiro. Mas o menino não podia sair da parte de baixo do navio, pois corria o risco de ser encontrado e mandado embora, e ele não tinha ninguém para cuidar dele. Lá de baixo ele ouvia, todos os dias, o pianista animando as festas do navio. Ele então se interessou por piano e acabou se tornando o pianista do navio. Mas ele nunca saiu daquele lugar, permanecia o tempo todo dentro do navio. Um dia, de tanto dizerem para ele que deveria conhecer uma cidade, ele tentou descer em Nova York. Pegou suas coisas, mas conseguiu descer somente alguns degraus da escada. Voltou rapidamente para o seu canto, ele quase entrou em desespero, ficou com muito medo de viver num lugar mais amplo, cheio de ruas se entrecruzando, sem saber aonde iam dar. No navio ele conhecia tudo, sabia direitinho para onde estava indo e quando iria voltar. O trecho era sempre o mesmo. Um dia disseram para ele que o navio tinha que ser destruído. Mas ele não foi embora, permaneceu no navio".

Nessa sessão comuniquei-lhe que, a partir do relato desse personagem, ela me falava de si. O garoto era também ela. O sentimento de desamparo, o medo de ser descoberta, a necessidade de reclusão para alcançar algum senso de segurança e proteção eram também suas vivências em relação a sua própria história. Ela ouviu em silêncio, perguntei se o que eu havia dito fazia sentido. Ela disse: "faz", não disse mais nada, percebi que estava muito tensa e não tive coragem de prosseguir.

A lenda do pianista do mar, tal como relatado por X. nessa sessão, introduziu um fato selecionado no processo analítico, deu coerência e significado a sentimentos de desamparo, de não pertença, à fantasia de abandono, ao medo de explorar o desconhecido, resultando daí o desenvolvimento de defesas que tinham por efeito um estado de isolamento, estagnação e retraimento. Até hoje, vez e outra, recorro às imagens e enredo desse filme para falar com X. sobre suas vivências de vazio e de desamparo e sua necessidade de reclusão. Ela fica em silêncio, na maioria das vezes um silêncio tenso.

A sessão sobre *A lenda do pianista do mar* foi um momento excepcional da análise. Em seguida X. retornou a sua forma rotineira de comunicação, trazendo fatos a respeito de seu cotidiano profissional e de tudo o que tinha de fazer. No entanto, a partir dessa sessão eu comecei, gradativamente, a me sentir menos apática, um pouco mais viva e livre para associar e compartilhar com ela um trecho de filme, de uma música ou de um romance que, de repente, vêm à minha mente e que aparentemente não têm nada a ver com a concretude da comunicação apresentada por X. Fico com a impressão de que ela parece estar, de alguma forma, assimilando minhas *histórias*. Algumas vezes, nessas ocasiões, não a percebo imóvel, paralisada, seu corpo parece um pouco mais relaxado, mais descontraído. Será que, nesses momentos, eu me transformo em uma música que soa ao longe, lá de cima, do pianista distante que anima as festas do navio?

Após mais três anos de análise fui novamente surpreendida por X., quando então conseguimos ter um momento de diálogo analítico, semelhante ao que ocorreu com *A lenda do pianista do mar.*

Como de costume, ela iniciou a sessão falando sobre a sobrecarga no trabalho. É a primeira sessão da semana e eu, meio aborrecida com aquele seu discurso repetitivo, conjecturei comigo mesma que X. não mantinha na memória nada do que vivenciávamos na análise. Cada vez que nos encontrávamos era como se fosse a primeira. A partir dessa minha confabulação, comentei com X. um filme que contava a história de um casal idoso. Ela estava senil e perdendo a memória, e seu marido, em enorme sofrimento. Ele não se conformava de ver que a esposa já não se lembrava nem dele nem da grande história de amor que viveram. Todos os dias ele se sentava ao lado dela e contava-lhe a história de um casal apaixonado, em verdade, a história deles, acreditando que assim ele conseguiria mantê-la sem esquecer. Algumas vezes ele conseguia: em alguns momentos, como que despertando de um sono profundo, ela olhava para ele, lembrava-se de quem ele era, e por instantes conseguiam se reencontrar. Em seguida, ela retornava para o seu mundo sem memória e sem história, ficando com o olhar distante, perdido no nada.

Ficamos em silêncio por alguns minutos e, então, eu continuei: "esse filme me faz pensar que essa história, guardando as devidas proporções, ocorre até com uma certa frequência nas relações. As pessoas (marido, mulher, filhos, pais) esquecem que já viveram uma história juntos, esquecem que já se tocaram, viveram uma intimidade... como se nunca tivessem se encontrado antes".

X. ficou em silêncio, e eu, com aquela sensação habitual: o que eu dizia não era capaz de produzir qualquer ressonância em seu interior, minha fala caia em um vácuo. Ela continuou imóvel no divã. Eu não disse nada, fiquei calada, aguardando... Após uma longa pausa X. falou: "é que nem o filme *Fale com ela*... Ele falava com uma moça em coma...". E eu continuei: "mas no final ela saiu do coma". Ficamos um longo tempo quietas. E eu pensando que me sentia com X. como o enfermeiro conversando com sua paciente em coma, ela quase sem sinal de vida e ele falando com ela, contando-lhe as notícias do dia a dia, relatando fatos da vida... Então eu disse a X.: "que interessante essa história do homem que conversa com a moça em coma... Ele conversava com ela como se ela o estivesse escutando e, às vezes, até dialogando com ele, às vezes eu sinto nós duas aqui como esses personagens... Eu falando e você tão quieta, mas eu continuo como se você estivesse, de alguma forma, me escutando...". X. ficou quieta, depois eu perguntei: "o que você está pensando?" Ela disse: "nessa história da mulher em coma...".

Após uma pausa eu perguntei: "Você, às vezes, também se sente meio em coma? Quero dizer, fazendo as coisas, acordando cedo, indo trabalhar etc., mas tão distante do que está sentindo, tão distante do outro, que parece que está em coma?". Ela respondeu: "acho que sim". Depois de um tempo eu quis continuar nossa conversa, mas ela disse que estava muito cansada. Ficamos sem dizer nada uma à outra até o término da sessão, mas eu fiquei às voltas com essa imagem do analista falando com um paciente *psiquicamente em coma*.

II

Esse fenômeno do *analista falando com um paciente em coma* me é intrigante. Esse extremo de apatia, de insensibilidade, de indiferença, em que não parece existir qualquer estimulação capaz de despertar uma capacidade para associar, sonhar, pensar, não tem sido um fenômeno raro em minha clínica. Um estado no qual os mecanismos de sonho (trabalho onírico em decorrência da função alfa) parecem estar quase que totalmente inoperantes, um estado no qual o *espaço de sonho* parece estar quase que totalmente obliterado.

A consequência disto, já que para Bion (1959b) o trabalho onírico é o responsável pelo desenvolvimento da memória, é a devastação de toda uma área do funcionamento mental que nos imprime um senso de existência, pertencimento e continuidade. Sem memória, X. *alucinava* a si mesma como alguém criada pelo ambiente por uma espécie de inércia, alguém cujas origens primárias se apoiavam em nada, não se percebendo como tendo pais, como sendo filha e parte integrante de uma família. Essa *alucinação* impregnava de tal forma o processo analítico que o transformava, também, em um ambiente criado por uma espécie de inércia, um trabalho cujas origens se sustentavam em nada, não podendo ali se distinguir analista e analisando, tampouco operações mentais, salvo em alguns raros momentos em que uma livre associação de ideias pudesse desencadear um trabalho interpretativo a respeito da realidade psíquica de X.

"Quero me conhecer melhor", solicitou X. em nosso primeiro encontro. Mas esse tipo de conhecimento se dá no *espaço de sonho*. Ela queixa-se, implicitamente, de um desconhecimento de si, porém esse tipo de desconhecimento é proveniente de uma inoperância dos mecanismos de sonho. Talvez essa incapacidade de realizar um trabalho onírico apresentada por X. tenha sido desencadeada por uma necessidade de se manter sem memória a respeito da perda de seus pais biológicos, sem memória de sua adoção, sem memória de seus sentimentos de abandono, solidão e desamparo.

Quem sabe um superego homicida a tenha impedido de vivenciar as posições esquizoparanoide e depressiva e, consequentemente, impedido de sonhar, já que é por meio do trabalho onírico que essas posições são gestadas (Bion, 1959b).

Talvez, para X., o espaço de sonho, contenedor de uma massa amorfa de elementos inconexos e indiferenciados (Bion, 1959b), seja vivido como altamente perigoso e mau, deixando-a, assim, à mercê da necessidade de lançar mão de ataques aniquiladores aos mecanismos de sonho. No entanto, esse recurso gera um terror que é realmente terrorífico, já que o torna destituído de nome e significação na medida em que incapacita o trabalho onírico, responsável pelos processos de nomeação, elucidação e significação da coisa-em-si.

O fato é que, com o *espaço de sonho* obstruído por causa de uma espécie de exorcismo da memória, X. parece representar o homem

> que perdeu a própria sombra, ou se tornou transparente à luz que o atravessa, ou então está iluminado de todos os lados, superexposto sem defesas a todas as fontes de luz, sem poder refratar essa luz, condenado a uma atividade branca, a uma socialidade branca, ao embranquecimento do corpo, do cérebro, da memória, a uma assepsia total. Embranquece-se a violência, embranquece-se a história, numa gigantesca manobra de cirurgia estética ao termo da qual só restam uma sociedade e indivíduos proibidos de negatividade (Baudrillard, 2003, p. 51).

Talvez seja este o *estado de coma psíquico* que vivencio com X. nas sessões, o resultado de uma manobra de *cirurgia estética* que obliterou o *espaço de sonho* e superou seus próprios fins, promovendo uma saturação que cria, ao mesmo tempo, uma situação de tetanização e de inércia. Desprovidos de mecanismos de sonho, o desejo, a paixão, os signos e as ações são libertados de sua ideia, de seu conceito, de sua essência, de seu valor, de sua referência, de sua origem e de sua finalidade, entrando em uma espécie de autorreprodução ao infinito, como as células cancerígenas que se multiplicam de modo incontrolável. Essa proliferação ao infinito, fruto de uma desconexão da referência, origem e finalidade, gera um estado de saturação em que nada se contradiz, um embranquecimento total, uma iluminação de todos os lados que cria o lugar para a intensificação dos processos no vácuo (Baudrillard, 2003).

III

Esse fenômeno de *cirurgia estética*, isto é, de aniquilamento de mecanismos de sonho, esse exorcismo da memória que, consequentemente, cria uma saturação, pois a experiência desconectada de sua origem e de sua finalidade prolifera ao infinito, promovendo, ao mesmo tempo, uma vivência de tetanização (contraturas generalizadas) e de inércia, corresponde, penso, a estados mentais subsidiados por um profundo e contínuo *splitting* entre animado e inanimado.

Klein (1946), ao descrever os fenômenos de *splitting* do *self* e do objeto, esclareceu os resultados desse processo, salientando como, nessas circunstâncias, o indivíduo fica aprisionado no mundo do tudo ou nada, dominado por idealizações e persecutoriedade, por pulsões sádicas e pulsões masoquistas.

Os fenômenos descritos por Klein dizem respeito a mecanismos de *splitting* entre seio-bom e seio-mau. O fenômeno que estou tentando esclarecer está relacionado ao *splitting entre seio e leite*. Nessa circunstância, seio e leite já não são mais vividos como elementos interligados e capazes de promover uma relação íntima por meio da qual a experiência emocional possa ser pensada. Nessa circunstância, a vivência com objetos vistos, vivos e em contínua combinação e interação, geradora de sentido e significação, fica reduzida a sua concretude material. Resulta daí um indivíduo desconectado da experiência emocional que é a base da vida mental e aquilo que lhe dá significado: um indivíduo desconectado do que origina significado, dominado, de um lado, por um senso de entupimento e de excesso, e de outro, por um senso de vazio e de inexistência; movimentando-se da saturação ao vácuo, da tetanização à inércia.

A experiência analítica com X. esclarece alguns aspectos desse mecanismo e como ele pode se fazer visível no processo analítico. O *enactment* do *splitting*, na relação analítica, imprimiu um caráter de inacessibilidade às vivências de excesso e vácuo, tetanização e inércia. De um lado, a paciente em estado de saturação, estado este expresso no corpo rijo, paralisado no divã, nos movimentos involuntários de lábios e de mãos, nas palavras entrecortadas e na fala repetitiva sobre as várias atividades que tem de desempenhar e a sobrecarga que isso lhe impõe. De outro, a analista inerte vivenciando um estado de *desmentalização* e vácuo emocional.

Quando a paciente comunica: "sou adotada... Fui adotada logo ao nascer... Ser adotada não me diz nada, é como um buraco...", o estado de excesso *muda de lado*, e é então a analista, submersa em um estado de saturação, quem não consegue passar o relato da paciente pelo crivo de uma associação livre de ideias. Em estado de *tetania* e assepsia, a analista não consegue, na sessão, conter a comunicação da paciente em um *espaço de sonho* e produzir elementos para fantasia, imaginação e pensamento. Esse movimento na relação transferencial-contratransferencial esclarece, penso, uma incomunicabilidade quase que total entre o animado e o inanimado, uma impossibilidade de manter *seio e leite* em estado de vinculação, interação e combinação. Sob o efeito do *splitting, seio* e *leite* convertem-se em elementos indistinguíveis em si e entre si, em um exagero de emanação, em uma autorreprodução ao infinito. Resulta daí uma experiência emocional vivenciada como um excesso que promove saturação (uma massa amorfa de elementos desconexos e indiferenciados) e um analista (representante do mundo interno) vivenciado como um objeto-utilitário (uma sala, um divã, uma almofada, uma poltrona).

A narrativa da *Lenda do pianista do mar*, tal como introduzida na sessão, esmiúça as consequências de um funcionamento mental subsidiado por esse tipo de *splitting*: o senso de orfandade, de não existência, o desenraizamento, a alienação, a clandestinidade; o indivíduo em trânsito em um trecho restrito ao conhecido; o terror ao desconhecido, ao mistério e ao enigma; a dificuldade de estabelecer vínculos, a dificuldade de se juntar à *cidade*, posto que é vista como um desesperador entrecruzamento de ruas (uma massa de elementos aparentemente desconexos e indiferenciados) sem que se saiba onde vão dar.

Conjecturo que o *splitting* entre animado e inanimado (entre o seio e o leite) é o mecanismo que fundamenta e processa o princípio vital de desligação, da forma como é operacionalizado na função desobjetalizante e na alucinação negativa do eu (Green, 1988b). Para Green, o negativo está na base da atividade psíquica e não só é normal, como também é um pré-requisito para qualquer espécie de desenvolvimento psíquico. Sob essa perspectiva, o negativo não se restringe às vicissitudes do Ego e seus mecanismos, diz respeito às dinâmicas de coexistência entre afirmação e negação, entre ausência e presença. Dinâmicas que podem corresponder a operações de coexistência disjuntiva ou conjuntiva desses elementos.

Quando a coexistência entre o *sim* e o *não*, entre *presença* e *ausência* é disjuntiva, o trabalho do negativo completa-se sob os auspícios da pulsão destrutiva. Nesses casos, a meta da pulsão (de morte) é realizar ao máximo uma função desobjetalizante, a partir do desligamento, do desinvestimento, seu sucesso manifestando-se pela extinção da atividade projetiva que se traduz, então, sobretudo, pelo sentimento de morte psíquica, ou seja, pela alucinação negativa do eu. Nesse caso, o objeto perde sua individualidade específica, tornando-se, em casos extremos, nenhum objeto. A função desobjetalizante implica um investimento negativo dos objetos internos, externos e transicionais. Um investimento que tem como finalidade fazer o objeto desaparecer, estando assim mais ligado às questões de inexistência do que à agressão propriamente dita.

Proponho, também, que as barreiras autistas, tal como formuladas por Tustin (1990), são subsidiadas por permanente *splitting* entre animado e inanimado, conferindo ao sujeito um contínuo estado de ausência de relações humanas e enorme empobrecimento da vida mental e emocional. Segundo a autora, essas barreiras se erguem quando o *aparato mental* da criança não está suficientemente desenvolvido para suportar a *queda* do estado de unidade com a mãe, que é dominado por sensações. Essas reações de evitação (barreiras autistas), necessárias por ocasião da *queda catastrófica*, quando duram mais que o necessário tornam-se barreiras ao funcionamento cognitivo e afetivo. As barreiras autistas servem para evitar estados de terror de desintegrar-se, de cair infinitamente, com características de que não são exprimíveis, pois esses são experimentados em um estado pré-imagem, pré-verbal, pré-conceitual.

É também o *splitting* entre animado e inanimado que determina uma configuração flácida de continência (Adamo & Lamanno-Adamo, 1997), uma dinâmica de relação continente-contido que funciona ao modo de um bolsão desvitalizador que se constitui em uma zona mental de insensibilidade, geradora de analgesia e amorfia. Indica uma força em constante movimento em direção à negação da vida, da verdade, das pessoas, das emoções, uma força que, mesmo depois de aniquilá-las, continua destruindo a existência, o tempo e o espaço. A ausência de vigor, firmeza e elasticidade do continente esvazia o contido de significações. Uma vez esvaziado de significado, o contido desvitalizado não é capaz de despertar vigor e interesse no continente. Instaura-se, assim, uma espécie de círculo vicioso que tem como produto final o gradual e progressivo comprometimento da realização emocional, do sentido e do significado do que se vive.

Cogito, também, que esse tipo específico de *splitting* subsidia o princípio organizador de fenômenos sociais extremos: o transestético, o transexual e o transeconômico (Baudrillard, 2003).

Uma arte além do belo e do feio, em que nada se contradiz. A neogeometria, o novo expressionismo, a nova abstração, a nova figuração, cada uma dessas tendências desprovidas de um caráter próprio, existindo em um mesmo espaço cultural. Tudo coexistindo em total indiferença, pois por detrás de todo esse movimento convulsivo da arte contemporânea há uma espécie de inércia, algo que já não consegue superar-se e que gira sobre si mesmo em uma recorrência cada vez mais rápida.

Uma sexualidade que não tem por objetivo o gozo, mas o artifício, seja ele o de mudar de sexo ou o jogo dos signos vestimentares, morfológicos, gestuais, em que o destino do corpo é tornar-se prótese, embrião de todas as formas sonhadas de mutação que nos livrariam da raça e do sexo.

E uma economia na qual a especulação, sem referência à produção nem a suas condições reais, perde seu valor, o valor estando no êxtase da forma pura e vazia, da forma expurgada do valor, que só funciona sobre sua própria revolução, em uma órbita sobre si mesma. Um sistema que liquida o valor do uso pela superprodução, gerando uma "gravidez diabólica" (Susan Sontag citada por Baudrillard, 2003, p. 67). Essa "gravidez diabólica" atinge também, segundo Baudrillard, nossos dispositivos de informação, de comunicação, de armazenamento, de produção e de destruição, tão excessivos e superabundantes, que têm, de antemão, a garantia de já não servirem.

8
Clone: o inferno do si mesmo[11]

As noções aqui formuladas estão alicerçadas na experiência clínica com pacientes com recursos simbólicos precários, com pobreza imaginativa, apego à concretude, incapacidade para utilizar a livre associação de ideias, pacientes que procuraram ajuda com queixa vaga de tristeza, drogadição e distúrbios somáticos (Adamo & Lamanno-Adamo, 1997; Lamanno-Adamo, 2004a; 2004b; 2010a).

Os encontros com esses pacientes geralmente se iniciavam com entusiasmo de minha parte, mas diante da incapacidade deles de passar minha comunicação por um processo mental seletivo – com movimentos de retenção e expulsão, característicos de um organismo cumprindo funções de absorção –, minha capacidade de associar, formular

11 Trabalho premiado pela *Revista FEPAL*, publicado na *Revista Latino-Americana de Psicanálise*, v. 9, p. 40-50, 2010; e na *Revista Brasileira de Psicanálise*, v. 44, n. 4, p. 85-94, 2010.

ideias e pronunciá-las ia perdendo a vitalidade e dando lugar a uma forte sensação de entorpecimento. Esses pacientes não vivenciavam, conscientemente, sentimentos de inércia, inutilidade, vazio, futilidade, estes eram *criados* transferencialmente no clima desvitalizado das sessões.

O querer desses pacientes era muito vago, apresentava-se quase que totalmente *adormecido* às questões e conflitos inerentes à condição humana. Uma espécie de clone, pensei várias vezes. Não pareciam ter sido fruto de uma união sexual, desejos, sonhos... Pareciam não ter descoberto ainda o mundo das coisas vivas e vistas, em contínuo processo de ligação e combinação. Apresentavam-se quase que totalmente *ignorantes* de necessidade e de desejo de contato afetivo, quase que totalmente desprovidos de reconhecimento da implicação emocional em suas experiências.

Mas esses pacientes procuraram tratamento, solicitaram algum tipo de ajuda e, fundamentalmente, me estimularam a compreendê-los: que configuração mental é essa que revela, ao menos à primeira vista, uma quase que total ausência de vida de fantasia, pensamento simbólico e incapacidade para elaboração e *insight*?

Envolvida com essa questão, encontrei as noções de Baudrillard (1991; 2002; 2003) sobre o clone, e me vi estimulada a desenvolver formulações a respeito da clonagem como um mito revelador e em criação, de uma forma específica de relação do sujeito com o outro, de sua relação com o real e de um modo peculiar de pensamento. Nessa perspectiva, passei a considerar o clone como um mito que diz respeito a um conjunto de operações mentais que vêm me auxiliando a compreender esses pacientes, referidos na literatura psicanalítica como pacientes desvitalizados, desobjetalizados, de difícil acesso, *borderlines*.

Muito provavelmente, o *gêmeo clônico* nunca será idêntico ao seu genitor, nunca será o mesmo, nunca será *tal como em si próprio*, milhares de interferências farão dele, apesar de tudo, um ser diferente, que terá os olhos pretos do pai, o que não tem nada de novo. A experimentação clônica, muito provavelmente, irá demonstrar a impossibilidade de dominar o processo de procriação pelo domínio da informação e do código. Por isso, tendo a pensar a clonagem como um mito em criação, que provém de fantasias fundamentais do ser humano, contendo, expressando e simbolizando a vida fantasmática de uma cultura, ao mesmo tempo em que, a partir dele, estruturam-se as fantasias.

I

A rede conceitual da teoria de Freud se articula a partir de um ponto pivô: o Complexo de Édipo, que também é o ponto pivô da vida mental. A partir desse mito, Freud organizou a dupla diferença sexual e geracional, transformando o mito em um complexo sistema teórico que abarcou o mecanismo de transferência, o trabalho clínico cotidiano com os pacientes, o papel do pai, a análise dos sonhos, o abandono da teoria do trauma como conceito real. O Complexo de Édipo repousa em uma ampla rede conceitual em que a diferença sexual e geracional é articulada com as noções de castração, culpabilidade, falo, superego, identificação, Édipo invertido, bissexualidade, narcisismo e sublimação.

Esse é o homem-Édipo revelado por Freud, permanentemente às voltas com a castração, culpa, sublimação, em permanente risco de repetir compulsivamente os vínculos amorosos do passado, a situação triangular, em uma sempre e mesma cura de sedução na qual o Outro é constantemente convidado a contracenar, e a esse Outro é atribuído determinado lugar, sempre o mesmo: o de um tirano perverso, o de um ideal de acolhimento e sabedoria, o de um rival a ser exterminado etc.

Édipo diz respeito ao sujeito que, mesmo mergulhado profundamente em fantasias de autoengendramento, ainda assim permanece vinculado às figuras da mãe e do pai, figuras parentais sexuadas que o sujeito pode desejar apagar ao substituir-se a elas, mas sem negar a estrutura simbólica da procriação: ser filho de si próprio ainda é ser filho de alguém. O Clone, não; o Clone é fruto de uma abolição radical da Mãe, do Pai, do vínculo sexuado entre eles, da completa união entre seus genes, da imbricação de suas diferenças. O clone não é ser autoengendrado: ele brota de cada um de seus segmentos, já não há pai, já não há mãe, somente uma matriz (a matriz do código genético) que passa a gerar até o infinito, segundo um modo operacional calcado na abolição da sexualidade, da diferença e da morte. Em consequência, já não há mais sujeito, pois, nessa configuração existencial, tanto o processo de espelhamento como os processos de projeção e identificação ficam abolidos: o ser clônico é a materialização do duplo por via genética, isto é, abolição de toda a alteridade e do imaginário, reprodução autônoma independente da sexualidade e da morte.

Desvencilhado da diferença sexual e geracional, e também da morte, o homem-clone não corre o risco, como Édipo, de se perder no Outro, não é o sujeito-assujeitado nesse grande Outro. O Outro, no clone, está perdido internamente, assim como a capacidade de identificação com esse Outro: na clonagem vai-se do mesmo para o mesmo sem passar pelo Outro.

Freud conceituou uma compulsão à repetição: em vez de rememorar e elaborar, repete-se, repete-se incansável e compulsivamente. Em vez de representar e simbolizar, atua-se, repete-se um ato, uma fala, uma cena, repete-se a relação triangular edipiana, os desejos infantis insatisfeitos, a tentativa de gratificação das vivências insatisfatórias e inconclusivas. Como se chegasse um tempo em que não se pode mais se satisfazer com palavras e evocação, cadeias associativas, condensações, ligações e desligamentos; quer-se, então, somente atuar as paixões, a carne viva das paixões.

Édipo é o convidado de máscara sentado entre nós. O rosto escondido e mascarado, a cara que não se mostra de vez, incitando, por isso mesmo, a curiosidade, o fascínio, a paixão. Clone é o homem que perdeu a própria sombra ou se tornou transparente à luz que o atravessa ou, então, está iluminado de todos os lados, superexposto sem defesa a todas as fontes de luz, sem poder refratar essa luz, condenado a uma atividade branca, a uma socialidade branca, ao embranquecimento do corpo, do cérebro, da memória, a uma assepsia total (Baudrillard, 2003).

Édipo é o sujeito múltiplo, polissêmico e polifônico. Clone é o sujeito da dessimbolização, é o sujeito *livrando-se* da inscrição simbólica da pulsão na diferença sexual e na diferença geracional, por meio de uma situação alucinada de simetria primitiva aquém do sexual e da morte. Utilizando-se de *técnicas* de desimpedimento do sexo e da morte, tenta abolir tudo o que é humano – os desejos, as faltas, neuroses, sonhos, desvantagens, vírus, delírios, inconsciente – todos os traços que fazem de nós seres vivos complexos e específicos. Na clonagem, o que está em jogo é a "transposição de um ponto além do qual nada mais é humano ou inumano"

(Baudrillard, 2002). Na clonagem, a sexualidade, a morte e o pensamento tornam-se uma função inútil.

Que fantasias inconscientes são essas que promovem tal situação alucinada, que operações mentais subsidiam tal configuração?

II

Em um instigante texto intitulado "A solução final ou a revanche dos imortais", Baudrillard (2003) discute como as técnicas de clonagem são a manifestação de um abrandamento dos seres vivos em sua luta pela morte, em sua luta pela divisão, pelo sexo, pela alteridade, levando-os a se tornarem indivisíveis, idênticos a si mesmos e, portanto, imortais.

Fundamentado no conceito de pulsão de morte formulado por Freud, Baudrillard propõe serem as técnicas de clonagem uma fantasia da ciência que revela a nostalgia do estado não sexuado e não individualizado em que nos encontrávamos antes de sermos mortais e descontínuos. A morte verdadeira não sendo tanto o desaparecimento físico do ser individual, mas a regressão ao estado primordial do ser vivo indiferenciado. Somos seres individuados e orgulhosos de sê-lo, sugere Baudrillard, mas em alguma parte, no inconsciente profundo, nunca nos recuperamos disso, vivemos um eterno remorso da individuação, um fascínio pelo retorno ao universo homogêneo e contínuo.

Nunca, salienta o autor, reconciliamo-nos completamente com toda essa multiplicidade de semelhantes dos quais nos separamos no decorrer da evolução. Assim, um arrependimento duplo se instala: não somente o da emancipação individual em relação à espécie, mas de maneira mais profunda, a dos seres vivos sexuados em relação ao reino inorgânico. O clone revela "a revanche dos seres imortais e indiferenciados sobre os seres mortais e sexuados, é isso que podemos chamar de solução final" (Baudrillard, 2002, p. 34).

Fantasia de retorno ao *mesmo do mesmo*, espécie de incesto, uma entropia primitiva em prol da desinformação da espécie pela anulação das diferenças e da complexidade. Fantasia de involução que visa libertar o sujeito do sexo e da morte, em uma tentativa de pôr fim às peripécias do ser vivo sexuado com toda a sua diversidade, complexidade, diferença radical e alteridade.

III

Essa fantasia de retorno a um estado indiviso e indiferenciado corresponde, penso, a dinâmicas psíquicas que promovem um permanente trabalho disjuntivo da coexistência entre *sim* e *não*, *ausência* e *presença*. Nesse caso, a pulsão de morte tende a realizar a função desobjetalizante (Green, 1988b), por meio do desligamento e do desinvestimento. O êxito desse funcionamento resulta na extinção da atividade projetiva e introjetiva, traduzida pelo sentimento de morte psíquica, ou pela alucinação negativa do eu (Green, 1988b). Assim, o objeto perde sua individualidade e, nos casos extremos, torna-se nenhum objeto. É um investimento que visa o desaparecimento do objeto, mantendo com ele afetos libidinais e agressivos. Está mais ligado às questões de inexistência do que à agressão; mais ligado às vivências de vácuo, vazio, futilidade e ausência de representabilidade e significado que à agressividade.

O resultado dessa fantasia de involução, dessa fantasia de retorno a um estado indiviso e indiferenciado, levada a cabo por um contínuo trabalho disjuntivo por meio de permanente apagamento e supressão dos afetos agressivos e libidinais em relação ao objeto, promove um estado de ausência de relações e enorme empobrecimento da vida mental e emocional. Caminhar rumo a um apagamento quase que total das características simbólicas que nos conferem humanidade libera de forma radical o desejo, a paixão, os signos e as ações; de sua ideia, de seu conceito, de sua essência, de seu valor, de sua referência. Liberados de sua origem e finalidade, o desejo, as paixões, os signos e as ações entram em uma espécie de autorreprodução ao infinito, como as células cancerígenas que se multiplicam de modo incontrolável. Essa proliferação ao infinito, fruto de um trabalho de desligamento e desinvestimento das *origens*, gera um estado mental de saturação em que nada se contradiz, posto que não estão em conjunção, um estado mental de embranquecimento, uma iluminação de todos os lados, um excesso que cria o lugar para a intensificação dos processos no vácuo.

Caucionado no *nada*, incapacitado de simbolização, o pensamento/objeto do *cloune*, tornado *inumano*, não consegue mais se sensibilizar, sentir, interpretar o mundo, tampouco trocá-lo por ideias.

IV

C. é um jovem de 28 anos, alto, moreno. Está acima do peso e por isso me procurou: "já tentei vários tratamentos, vários tipos de regime, nenhum deles surtiu efeito, continuo engordando... Daí resolvi buscar terapia, me disseram que uma terapia poderia me ajudar... Preciso emagrecer... Não me sinto bem assim... gordo". Não disse mais nada. Esperei um pouco para ver se ele iria me dizer alguma coisa sobre sua vida, sua história. Perguntei se tinha alguma ideia a respeito do porquê de não conseguir emagrecer: "à noite eu tenho muita vontade de comer... Fico na televisão comendo, nem sei dizer o que como, não é fome".

Indaguei sobre sua vida profissional, se estudava, trabalhava. "Me formei há três anos" – disse – "e trabalho numa pequena empresa de um amigo, trabalho só no período da tarde... Pouco tempo, não é nada empolgante, mas também não sei o que seria melhor do que isso, ao menos tenho alguma coisa para fazer à tarde. Mas o que está me incomodando mesmo, salientou, é o meu corpo, é não conseguir emagrecer, não sei mais como conseguir parar de comer à noite, e nem sinto fome, quando vejo estou na cozinha pegando uma coisa e outra, nem sei direito o que é que estou comendo e não é por fome".

"Por ansiedade?", perguntei. "Ansiedade? Não sei, quando eu vejo, já estou com um saco de bolachas na mão, comendo, nem vejo o que estou comendo e o quanto estou comendo".

Fiquei quieta alguns segundos, observando aquele corpo acima do peso e pensei: "um corpo...". E ele disse: "acho que vou conseguir emagrecer só com remédios, mas não queria tomar mais remédios". Indaguei sobre sua história de vida e ele me respondeu de forma corriqueira, banal: "meus pais se separaram quando eu tinha 11 anos, sou o filho temporão. Meu irmão mais velho sofreu um acidente de moto e está há um ano em coma no hospital e meu irmão do meio era esquizofrênico, morreu há quatro anos de um acidente de carro, mas não foi de fato um acidente, muito provavelmente ele se matou".

C. me deu uma informação rápida, sintética, precisa sobre sua família. Não me ofereceu uma narrativa sobre sua família, apenas me informou sobre a sua família. Como se o pai, a mãe, o irmão já morto e o outro, à beira da morte, não lhe pertencessem, não fizessem parte de sua vida. Em tom informativo, em uma fala sem carga afetiva e valor simbólico, C. me noticiou a tragédia que vem acometendo sua família, uma fala *branca*, homogênea, sem passar pela sensorialidade, pelo afeto, pelo Outro, sem tocar, de fato, o mundo que o rodeia.

Essa sua fala *xerocada*, basicamente factual, me colocou, prontamente, em um estado de saturação que interrompeu de imediato minha capacidade de sentir, imaginar, pensar. Um excesso que me colocou inerte. O processo analítico ficou em suspenso, sustentado no vácuo. Quando consegui me recuperar dessa vivência de entulhamento, pude então perguntar: "você acha que esses acontecimentos na sua família têm alguma relação com você não conseguir emagrecer?". "Não." – ele respondeu – "Isso é uma coisa minha, não tem nada a ver com eles".

Nesse contexto que estou apresentando, não entendo essa débil capacidade de C. de construir elos de ligação, em termos de resistência, na conceituação clássica de Freud. Não raro, em uma primeira entrevista, o paciente expressa sua conflitiva essencial colocando-a no negativo: "meu pai morreu quando eu tinha 3 anos, mas *não* é esse o meu problema, não é por isso que estou aqui". Não é essa dinâmica resistencial que percebi em C. quando ele negou qualquer ligação entre o que lhe trouxe à terapia e a história trágica de sua família. Não se trata de uma resistência circunstancial, e sim de uma configuração mental implicada em um trabalho disjuntivo, de desligamento e desinvestimento.

Essa configuração, tenho podido reconhecê-la essencialmente na contratransferência, na súbita perda de minha capacidade de associar, sentir, imaginar, pensar: no estado de saturação e de excesso que experimento no decorrer da sessão, no sentimento de inércia, na sensação de que o processo analítico está caucionado no vácuo. Essas vivências contratransferenciais têm me auxiliado a discriminar essa incapacidade à conjunção, que faz a experiência emocional se proliferar ao infinito de forma rápida e desordenada, promovendo um vazio de excesso, uma falta de falta, que tem de antemão a garantia de não servir para nada (excesso de gordura a ser eliminada).

Decorre desse trabalho disjuntivo a percepção de uma *psique desencorpada* e de um *soma desmentalizado* (Lamanno-Adamo, 2004b). Uma psique desencorpada diz respeito a um espaço mental que se assemelha a um depósito que contém um acúmulo de fatos e ações desligados das mensagens afetivas do psiquismo. As palavras, nesse caso, não têm a função de ligação pulsional e tornam-se estruturas *brancas*, nulas, congeladas, posto que esvaziadas de substância e significação. O discurso mantém-se inteligível, porém totalmente destituído de afeto: "meus pais se separaram quando eu tinha 11 anos, sou o filho temporão, meu irmão do meio era esquizofrênico etc.". Uma fala que denuncia uma falência anímica (Bion, 1960), isto é, a falência em perceber objetos vivos, vistos e reais em permanente combinação e interação. Isso implica uma incapacidade de armazenar a experiência como memória, a experiência ficando reduzida a uma acumulação de fatos (coisas), desprovida das qualidades necessárias para emprego em sonhos e pensamentos.

A falência anímica denuncia a presença de permanente mecanismo de *splitting* entre animado e inanimado (seio e leite). Sob o efeito desse *splitting*, seio e leite não são vividos como elementos interligados em contínua combinação e interação, e se convertem em elementos indistinguíveis em si e entre si, em um exagero de emanação (Lamanno-Adamo, 2010a). A experiência emocional é assim transformada em um amontoado de elementos desconexos e indiferenciados, e o Outro (perdido internamente) fica reduzido a um objeto utilitário (uma pílula, uma almofada, uma poltrona, um divã). Nessa configuração mental o corpo é um corpo desmentalizado, uma máquina de alta precisão composta de órgãos que mais se assemelham a uma engrenagem constituída por *chips*, molas e parafusos, do que fonte indubitável de sensações e emoções. Um corpo vivido cartesianamente como mecânico e, portanto, alheio ao psíquico e que passa a substituí-lo (um corpo que come sem saber por quê, o quê e o quanto está comendo, um corpo com um defeito a ser consertado).

O trabalho analítico com C. tem sido interessante. Muitas vezes me vejo espelhando, na contratransferência, o inferno do mesmo. Desligada do que origina significado, percebo-me dominada, de um lado, por um senso de saturação e excesso, e de outro, por um senso de vazio e de inexistência. Nessa situação, experimento o processo analítico se sustentando no vácuo, e eu me movimentando do excesso à inércia, da tetanização ao nada. Algumas vezes, recupero-me e consigo conversar com C. sobre sua fantasia de completa abolição de suas origens, como uma maneira, mesmo que drástica, de sobreviver. Consigo, então, conversar com ele sobre sua fantasia de apagamento de sua história e de seus sentimentos de amor e de ódio, como uma forma ainda de se acalmar, de encontrar algum consolo. Em algumas dessas ocasiões, C. me olha, fica em silêncio por algum tempo e retoma a problemática do corpo acima do peso; eu, então, tento lhe transmitir como minha fala, nesses momentos, fica transformada em gordura a ser eliminada, já que não parece servir pra nada, só para engordar. Algumas vezes, quando lhe digo sobre suas fantasias de se tornar completamente inumano – sem raízes, sem desejo, conflitos, paixão e memória, como forma de apaziguamento – C. me diz: "pode ser, eu nunca havia pensado nisso antes". Muitas vezes o percebo em estado de saturação e inércia e, quando consigo me *desvencilhar* do espelhamento, converso com C. sobre os efeitos de suas fantasias de se manter completamente desligado de suas origens, de como elas geram nele um senso de inexistência, futilidade, vácuo.

Alguns meses após o início de nosso trabalho, em uma sessão depois de um feriado prolongado, C. introduziu um clima diferente em nosso encontro. Ele foi viajar para a praia com sua namorada e a filha dela, de 5 anos. Nesse momento, deparei-me com um homem mergulhado em paixão: mostrou-me sua raiva por ter tido a "pentelha" da filha da namorada o tempo todo grudada na mãe, seu sentimento de exclusão, rivalidade, incompreensão, abandono, impotência, vontade de mandá-las para o *espaço* e, ao mesmo tempo, medo de perder a namorada... Tão diferente essa sessão, tão edípica, demasiado edípica; estavam todas ali as três fantasias classicamente reconhecidas: a castração, a sedução, a cena primária.

O trabalho com C. tem me ajudado a compreender essa configuração mental, fundamentalmente clônica, criadora de *splittings* entre soma e psique, entre animado e inanimado, entre humano e inumano. Um funcionamento que traz na essência a fantasia de se tornar indiviso, indiferenciado, sem raízes e origens, como forma de sobreviver a situações traumáticas.

No entanto, essa configuração mental, sustentada por permanente desligamento e desinvestimento, para alguns pacientes, pode estar representando apenas um aspecto tributário de algo mais básico, que seria a descontinuidade das sensações primitivas, protomentais que, desde o início, não puderam entrar em conjunção. Não se cindiram porque nunca estiveram em conjunção. Permanecem em um espaço de cesura intransponível, tornando-se, assim, naturalmente disjuntivas.[12]

Nesses casos, o que impera não é um trabalho mental disjuntivo gerador de dessimbolização. Na clínica, muitas vezes nos confrontamos na clínica com áreas mentais em que predominam vivências que não alcançaram um trabalho mental conjuntivo, vivências protomentais que se constituem como um conjunto de elementos em que o físico e o mental são indiferenciados (Bion, 1968). No estado protomental não se podem diferenciar os eventos físicos dos mentais, os componentes emocionais se acham fusionados, pois como fenômenos mentais conformam algo incipiente (Meltzer, 1978b).

Com C., paciente apresentado anteriormente, tentei ilustrar o processo de desmantelamento da simbolização em função da dor psíquica que dela resultava. Tentarei ressaltar, agora, a partir de fragmentos da análise com X., como se manifestou, na transferência e na contratransferência, uma vasta área mental não conjuntiva. Já apresentei X. em um outro texto (Lamanno-Adamo, 2010a), portanto, vou salientar, agora, os aspectos desse trabalho analítico que me ajudam a pensar sobre essa questão.

12 Franco Filho. Comentários ao trabalho *Conjeturas sobre o splitting entre animado e inanimado a partir de uma experiência clínica*, apresentado em Reunião Científica da SBPSP, em agosto de 2005.

Uma característica central da análise com essa paciente foram os relatos a respeito de sua atividade na faculdade e, depois, quando já estava trabalhando, a respeito de sua atividade profissional. Basicamente, ela me informava sobre suas atividades cotidianas, que teria prova tal dia, que teria de escrever tal trabalho, que tal aula havia mudado de dia etc. Quando, raramente, relatava algo sobre seus colegas, jamais os nomeava.

Semelhante ao trabalho com C., a análise com X. também movimentava-se, predominantemente, da saturação ao vácuo, e eu sentindo-me presa entre o entulhamento (excesso de elementos desconexos e indiferenciados que se multiplicavam de forma incontrolável) e a inércia (vivências contratransferenciais de inutilidade e futilidade). Parece-me que tanto o trabalho mental disjuntivo como as vivências não conjuntivas se manifestam no campo analítico por meio de movimentos rápidos que vão do excesso ao vácuo. Tanto C. como X. apresentavam um estado no qual os mecanismos de sonho (trabalho onírico em decorrência da função alfa) estavam inoperantes, um estado no qual o *espaço de sonho* estava quase que totalmente obliterado. Ambos manifestavam um senso de orfandade, de não existência, de clandestinidade, de desenraizamento. No entanto, havia uma diferença significativa entre eles, havia em X. uma intransponibilidade que eu não vivenciava com C.

Vivia com X., salvo raras ocasiões, uma intensa impossibilidade para transpor, para passar além do mundo somático das excitações, parecia que vivíamos em um mundo que não havia sido ainda tocado por uma visão humana, pelo sentido humano que podemos dar às coisas. Com muito esforço, algumas vezes conseguia me desvencilhar do intenso mal-estar físico que os encontros com X. me provocava (corpo pesado, sonolência, visão embaçada) e arriscava lhe apontar que talvez estivesse tensa ou com medo. Na maioria das vezes X. reagia com maior imobilismo, seu corpo ficava ainda mais rijo, paralisado, quase sem nenhum sinal de vida. Às vezes, ela mexia um pouco as mãos, percebia seus lábios se movimentando como se quisesse me dizer alguma coisa, mas nenhuma palavra era dita. Depois de muitos minutos (para mim, uma eternidade), ela retomava sua comunicação habitual sobre suas atividades cotidianas. Momentos de agonia.[13]

Em uma sessão, após seis anos de análise, conseguimos uma figurabilidade a essa vivência de agonia. Era a primeira sessão da semana e, como de costume, X., após um longo período em silêncio, começou a *listar* suas atividades. Eu, meio aborrecida com aquele seu discurso monótono e repetitivo, pensei: "cada vez que nos encontramos é como se fosse a primeira". Lembrei-me, então, de um filme a respeito de um casal idoso cuja mulher estava perdendo a memória. O marido, desesperado, todos os dias sentava-se ao lado da esposa e contava-lhe a história de um casal apaixonado, na verdade, a história deles. Acreditava que, dessa forma, ele manteria sua mulher sem esquecer. Algumas vezes ele conseguia: como que despertando de um sono profundo ela olhava para ele, lembrava-se de quem ele era e, por alguns instantes, conseguiam se reencontrar. Em seguida, ela retornava para o seu mundo sem memória e sem história. Olhar distante e perdido no nada.

Comuniquei a X. essa minha lembrança, contei-lhe sobre o filme salientando o aspecto do esquecimento, a intimidade

13 Repetimos aqui o caso clínico já descrito no Capítulo 8 deste livro.

perdida no esquecimento. Ela ficou em silêncio, e eu com aquela sensação habitual: o que eu dizia não era capaz de produzir qualquer ressonância em seu interior. Mas, para minha surpresa, desta vez conseguimos ir um pouco além. Após uma longa pausa, X. falou: "é que nem o filme *Fale com ela*... Ele falava com a moça em coma". Ficamos por um longo tempo quietas. E eu pensando que me sentia com X. como o enfermeiro conversando com sua paciente em coma, contando-lhe as notícias do dia a dia, relatando os fatos da vida... Então eu disse: "que interessante essa história do homem que conversava com a moça em coma... Ele conversava com ela como se ela o estivesse escutando e, às vezes, até dialogando com ele, às vezes eu sinto nós duas aqui muito semelhantes a esses personagens do filme... Eu falando e você tão quieta, mas eu continuo como se você estivesse me escutando..." X. ficou quieta, depois eu perguntei: "o que você está pensando?", e ela disse: "nessa história da mulher em coma...".

"Você também se sente meio em coma? Quero dizer, fazendo as coisas, acordando cedo, indo trabalhar... mas tão distante do que está sentindo, tão distante do outro, como se estivesse em coma?". Ela respondeu "acho que sim". Depois de um tempo eu quis continuar nossa conversa, mas ela disse que estava muito cansada. Ficamos sem dizer mais nada uma à outra, e eu às voltas com a imagem do enfermeiro que conversava com a moça em coma.

Mais ou menos um ano depois dessa sessão, X. disse: "sabe, no começo, quando eu vinha aqui e conversávamos, no final encontrava um paredão, agora esse paredão tem uma porta de vidro... Eu enxergo que tem coisas lá, mas não consigo entrar".

Por meio dessa imagem conseguimos dar figurabilidade à vivência de intransponibilidade que experimentava com X.

Um agrupamento primitivo de excitações sensório-somáticas que permaneciam em um estado de cesura intransponível, isoladas e excluídas de um espaço mental permeável e dos processos transformadores. Em decorrência disso, um estado de agonia se instalava: o paciente em coma se esforçando para ter vida (psíquica) ou, então, morrer (psiquicamente) de vez. A agonia do moribundo com sua ânsia de viver e morrer.

Cabe salientar, ainda, um aspecto importante da análise com X., que alcancei no decorrer da escrita deste trabalho. Entremeava os estados de agonia e os raros momentos de atividade mental transformadora, uma conversa relativamente animada sobre alimentos. A faculdade que estava cursando era na área de alimentos, e inúmeras vezes nossas sessões ficaram inundadas por sabores, cores e cheiros de ingredientes utilizados na cozinha. Possivelmente, nessas ocasiões, estávamos construindo um assoalho sensorial a partir do qual as experiências de qualidades de subjetividade, historicidade e riqueza de significados simbólicos pudessem se desenvolver. Uma linguagem de toque que permitisse a X. experimentar sensações, e depois afetos que permitissem uma representabilidade (Quinodoz, 2001).

Se Édipo é o sujeito múltiplo, polissêmico e polifônico, permanentemente às voltas com a castração, culpa e sublimação, Clone é o sujeito indiviso, indiferenciado e dessimbólico, constantemente confrontado com seu vazio constitutivo.

9
Considerações sobre o trabalho do negativo a partir de uma experiência clínica[14]

Green (2000) reúne os mecanismos afins: supressão, cisão ou repúdio, forclusão ou rejeição e negação, na concepção de trabalho do negativo. Distingue, fundamentado em Bion, a "não-coisa" e o "nada", salientando que a ausência, que é encontrada em condições normais e neuróticas, leva a representações e fantasias, ao passo que o "nada" diz respeito, predominantemente, à destruição, uma forma mais precisa de supressão.

Esta destruição, que pode ser entendida tanto na linha de Freud de forclusão e rejeição quanto de acordo com as ansiedades

14 Trabalho premiado pela *Revista Brasileira de Psicanálise*, outorgado durante o XXIV Congresso Brasileiro de Psicanálise e publicado na *Revista Brasileira de Psicanálise*, v. 7, n. 4, 2013 (no prelo).

de aniquilamento de Klein, e que resultam não tanto em fantasias arcaicas de destruição, mas, como Winnicott e eu mostramos, numa destruição da atividade psíquica de representação, cria "buracos" na mente, ou sentimentos de oco, de vazio (Green, 2000, p. 144).

No entanto, o conceito de trabalho do negativo não se limita a elucidar esses mecanismos, diz respeito à própria constituição do psiquismo e sua evolução. O negativo, propõe Green (2000), está na base da atividade psíquica e não só é normal, como também é um pré-requisito para qualquer espécie do desenvolvimento psíquico. Sob essa perspectiva, o negativo não se restringe às vicissitudes do ego e as seus mecanismos de defesa, diz respeito às dinâmicas de coexistência entre afirmação e negação, entre ausência e presença. Dinâmicas que podem corresponder a operações de coexistência disjuntiva ou conjuntiva desses elementos (Green, 1988b).

Quando a coexistência entre o *sim* e o *não*, entre a *ausência* e a *presença* é disjuntiva, o trabalho do negativo completa-se sob os auspícios da pulsão destrutiva, tomando a forma de uma exclusão radical, a qual leva a marca da rejeição (forclusão de Lacan ou a *Verwerfung* freudiana). Nesses casos, a meta da pulsão (de morte) é realizar ao máximo uma função desobjetalizante, por meio do desligamento, do desinvestimento (Green, 1988b). Seu sucesso manifestando-se pela extinção da atividade projetiva que se traduz, então, sobretudo, pelo sentimento de morte psíquica – alucinação negativa do eu (Green, 1988b). Em vez de proceder a uma reunião, a operação disjuntiva do trabalho do negativo separa, impedindo toda a escolha e todo investimento positivo. O objeto perde sua individualidade específica, sua singularidade, tornando-se qualquer objeto ou nenhum objeto. A função desobjetalizante implica um desinvestimento negativo dos objetos externos, internos ou mesmo transicionais. O intuito da mente tornando-se uma tendência ao desaparecimento do *self*, estando mais ligado à inexistência do que à agressão.

Quando a coexistência é conjuntiva, a repressão se efetua a partir do modelo de aceitações e de recusas do objeto – a relação do objeto foi internalizada, o *sim* e o *não*, a *presença* e a *ausência* foram introjetados, propiciando o estabelecimento do limite entre o consciente e o pré-consciente, de um lado, e o inconsciente, de outro (Green, 1988b). Uma dinâmica na qual o negativo tem seu lugar na sustentação do conjunto. Nesse caso, o trabalho do negativo está sendo efetuado sob o primado de Eros, garantindo uma função objetalizante:

> isto significando que o seu papel é não apenas o de criar uma relação com o objeto (interno e externo) mas que ela se revela capaz de transformar estruturas em objeto, mesmo quando o objeto não está mais diretamente em questão (Green, 1988b, p. 64).

Quanto mais o trabalho do negativo propicia o recalque, mais a polaridade Sim-Não, Ligação-Desligamento, vem acompanhada de um re-ligamento no inconsciente. E, quanto mais o trabalho do negativo instaura uma dinâmica que se afasta da repressão, mais se constata a operação de defesas, tais como forclusão ou rejeição radical. O resultado é um buraco vazio na mente, que não só atua como um vazio interno, mas tem o poder de atrair todos os conteúdos mentais ou pensamentos ligados ao tópico principal, central, de espaço vazio (Green, 2000). Uma atividade de *apagamento* que nada tem a ver com a repressão como censura, e sim com a supressão radical do que ocorre na mente.

> Este processo de apagamento está relacionado à representação interna do negativo, ou seja, uma representação da ausência de representação, que se exprime no pensamento em termos de alucinação negativa, ou no campo do afeto, vácuo, vazio ou, em menor grau, futilidade, ausência de significado (Green, 1997, p. 241).

Uma dinâmica do negativo: a experiência clínica com Ângela[15]

Chamarei de Ângela uma analisanda com 40 e poucos anos. Relatou que o que a motivou a buscar esse tipo de tratamento tinha relação com uma terrível sensação que havia experimentado durante uma viagem para o exterior, de fato, sua primeira viagem para o exterior. Algumas amigas vinham lhe sugerindo fazer análise, mas demorou para aceitar essa ideia, pois achava que deveria resolver seus problemas sozinha, que seria uma espécie de fracasso admitir que precisava de ajuda.

Episódios de hipertensão fizeram-na, também, buscar tratamento. Além disso, mais ou menos quatro sessões após o início da análise, mostrando receio de que talvez não quisesse mais atendê-la, disse: "Eu sou homossexual, tudo bem com você?".

Sua companheira, uma mulher mais jovem que ela, que já havia sido casada com um homem anteriormente e com

15 Este caso é o mesmo de que tratamos no Capítulo 4.

quem teve uma filha, estava saindo com uma outra mulher. A ameaça de término dessa relação estava, segundo Ângela, suscitando sensações muito próximas das que havia experimentado durante sua viagem para o exterior. Estava com medo. Não conseguia dormir. Andava pela casa. Assistia um filme após outro, para se acalmar.

Nas sessões, Ângela dizia que não conseguia entender por que estava tão perturbada com a traição de sua companheira, já que sempre havia buscado e estabelecido relações *abertas*. Um compromisso no qual a ordem do dia era se envolver sexualmente com outras mulheres, sem segredos e sem mentiras.

Percebia Ângela, durante os primeiros meses de análise, em uma situação-limite, vivendo intensas emoções e sensações com as quais tinha muito pouca familiaridade, posto que destituídas de nome, lugar e origem. O ciúme, a ira, os sentimentos de abandono e exclusão que Ângela vivenciava em virtude da traição soavam-lhe tão vagos. Quando me contava que havia procurado *pistas* na conta telefônica de sua companheira a respeito de seu envolvimento com outra mulher, não lhe vinham ciúme ou ira nomeados, somente um terrível mal-estar, imediatamente transformado em racionalismo: “afinal, eu mesma já fiz isso com outras companheiras”.

Esses momentos de agitação e turbulência duraram pouco, na análise. Ângela apaixonou-se por outra mulher bem mais jovem que ela, amiga de sua companheira. Isso, a princípio, aumentou seu assombro e agitação. Esboçou algum sentimento de culpa, chegou a cogitar: “por vingança?”. No entanto, logo rompeu com sua companheira e iniciou uma relação com essa *outra* mulher.

Tudo isso sem alardes. Sem brigas. Sem discórdias. Tudo sendo resolvido de forma civilizada, como dizia. E isso era muito importante para ela: continuar sendo amiga de suas ex-companheiras. As três mulheres trabalhavam no mesmo lugar. E assim continuaram. Acabou uma relação. Começou outra. "É muito importante para mim, frisava Ângela, que seja deste jeito: sempre fico amiga de minhas ex-companheiras". Às vezes, relatava-me, saiam as três juntas para jantar ou se reuniam para um bate-papo na casa de uma delas.

A relação com a atual amante, as alterações de humor, a exaltação, a efervescência da alma, característicos de uma mente provocada pela *paixão nascente*, foram pouco comentadas ou expressas de forma evidente nas sessões, embora soubesse, de alguma maneira, que estavam lá. Ângela dizia algumas vezes: "estou apaixonada... Como é bom estar apaixonada novamente".

Ângela ia, assim, dando-me a conhecer sua forma específica de lidar com o *sim* e com o *não*, com a *presença* e com a *ausência*, com a dor da perda, com a ira, com o ciúme, com seus sentimentos de abandono e de exclusão. Obstinada a rejeitar qualquer alteração em si, Ângela desenvolveu um sistema de crenças rigidamente estabelecido e rigorosamente mantido. Nunca ou muito raramente perdia a paciência. Jamais uma palavra áspera para alguém. Era preciso ter caridade, me disse ela, em um texto escrito, isso já três anos após o início da análise: não se devia odiar... Era preciso perdoar... Era preciso compreender as fraquezas humanas... Resignar-se à ausência e à rispidez... Dizia a si mesma que não era perfeita e que também ela era uma decepção ao outro.

Ângela seguia suas normas à risca. Havia em seu rosto uma candura, uma placidez. Havia uma brandura. Não se queixava, não reclamava, não criticava ninguém, não se zangava com ninguém de maneira evidente. Não mostrava qualquer desapontamento em relação a mim ou às pessoas de sua convivência.

Em uma sessão, mais ou menos três anos após o início da análise, Ângela me contou que, em sua infância, morava ao lado de sua casa uma senhora muito idosa que vivia sozinha. Costumava ir lá todos os dias e levava para ela as refeições preparadas por sua mãe. Gostava muito de ficar com ela. Não se lembrava do que conversavam, mas que era muito bom vê-la todos os dias. Um dia, me contou Ângela: "eu cortei o dedo com uma faca e a empregada enrolou um pano para estancar o sangue". No dia seguinte, ao tirar o pano do dedo, ficou encantada com as manchas vermelhas ali estampadas. Resolveu, então, dá-lo à velha senhora, sua grande amiga. "Aquele pedaço de pano, disse, continha coisas minhas, e resolvi, então, dá-lo de presente a ela". Achava que era o melhor presente que uma criança poderia dar a alguém de quem gostava muito. Qual não foi, contudo, sua surpresa quando, uns dias depois, a velha senhora lhe mostrou o pano bem lavado e bem passado, guardado em uma gaveta. Foi um momento de grande decepção para Ângela: "como eu era muito pequena, não consegui entender o que se passava, mas nossa relação nunca mais foi a mesma. Dali em diante eu continuei indo à casa dela todos os dias, mas nunca mais foi a mesma coisa".

A partir de recortes de sua infância, Ângela trouxe para a sessão o que entendi ser uma metáfora de seu funcionamento mental quando enfrentava vivências de intenso desapontamento com o objeto. O objeto desejado, amado, porém falho, não era transformado em um objeto hostil e mau. Tampouco era transformado em um objeto melancólico que, embora morto e danificado, é uma presença no mundo interno, é representável, mesmo que esmagado com o peso da decepção.

O objeto desapontador e falho de Ângela tornava-se um objeto desinvestido, a ponto de tornar-se um objeto nem vivo nem morto. Um objeto que não provocava nem sonhos nem sono, um objeto neutro e imparcial.

Utilizando-se de manobras radicais, Ângela transformava o objeto desapontador em um objeto branco, bem passado e bem lavado, sem qualquer utilidade. Um objeto destituído de registros, marcas e impressões, que fundamentam o jogo de simbolização necessário para viver mais o conflito que a tensão, mais a crise que o êxtase e a descarga, mais a criação que a expressão, mais o deslocamento que o *acting-out* no corpo e no mundo exterior.

O paredão branco

Nos primeiros meses de análise, Ângela mostrou suas manobras radicais para lidar com o que lhe *saltava aos olhos*. Rompeu com a ex-companheira, ao mesmo tempo que iniciava uma relação com uma amiga desta. Um arranjo que, ao coincidir com o início da análise, denunciava também uma forma de suprimir e apagar qualquer manifestação de vivências transferenciais. Às vezes, ela dizia: "minhas amigas dizem que se apaixonaram pela analista, engraçado, não sinto nada disso aqui". Essa sua comunicação tinha mais o efeito, em mim, de um imobilismo, do que de permitir encarar sua fala sob diferentes ângulos e contextos mais extensos.

Quando tudo ficou arranjado entre Ângela e suas companheiras (a ex e a atual), a análise caiu em um período marcado por faltas, atrasos e suborno da atividade analítica. Por muitas sessões pairava no ar uma insipidez que parecia reproduzir, no campo analítico, uma falta de contorno em sua realidade psíquica. Uma trivialidade de expressões que parecia não pertencer a ninguém: nem a mim nem a ela. Não havia sintomas localizáveis e, não raro, nesse período, ela dizia que havia demorado tanto para buscar análise porque no fundo, no fundo, pressentia que era um processo muito delicado e que necessitava ser feito por um profissional muito bem formado. Solicitava-me, então, conselhos a respeito de alguma dificuldade em seu trabalho e com familiares e solicitava-me indicações de analistas para amigos e parentes.

A princípio pensei serem esses movimentos transferenciais de Ângela fruto de sedução e idealização, no entanto, à medida que fui me familiarizando com minhas vivências contratransferenciais, passei a conjecturar que esse comportamento de Ângela estava mais próximo de uma necessidade de aderência à análise e à analista. Colocava-me na relação transferencial como se fôssemos colegas discutindo diagnósticos e possíveis encaminhamentos. Ângela apagava, assim, as diferenciações entre paciente e analista e borrava a especificidade do processo analítico. Ao mesmo tempo, essas manobras de aderência denunciavam também que a presença/ausência da analista podia estar gerando em Ângela uma angústia ligada a sua eliminação da capacidade para representar, levando-a a pedir auxílio por meio de alguma informação concreta (nome de analistas, conselhos etc.). Essa angústia, ligada a sua incapacidade para representar, possivelmente remetia Ângela a um estado de desamparo psíquico e ao desejo de evitar a invasão de um sentimento de frustração gerador de raiva, inveja, impotência.

Na contratransferência, esses movimentos de Ângela (ligação/desligamento) levaram-me a conjecturar, ainda que muito vagamente, sobre o destino da análise. Havia um receio de que um impasse se instalaria a qualquer momento, o qual, imaginava, não seria expresso abertamente, mas com um simples: "resolvi me mudar para outra cidade, não vai dar para continuar, de vez em quando eu te ligo para dizer como estou".

Hoje, consigo organizar um pensamento mais robusto a respeito desse fato clínico: era preciso eu encarnar, na análise, o *self*/objeto quase absolutamente neutro e imparcial, virar um *pedaço de pano* sem registros, marcas e utilidade, para que Ângela pudesse vivenciar, com sua *nova* amante, o Um Absoluto (o ser imaginário, que nunca iria desapontar, que nunca seria desapontado).

Resultava daí que a vida psíquica apresentada nas sessões parecia tão pobre, mal chegava a ser uma vida, tampouco era morte. No entanto, apesar dos atrasos, faltas e suborno da atividade do pensar, Ângela continuava vindo.

Em uma sessão, quando parecíamos estar vivendo nossos últimos *suspiros* analíticos, ela, em um misto de curiosidade e espanto, disse: "constatei, nesse final de semana, o quanto minha mãe é uma mulher rígida e controladora, mas o pior não é isso, o pior é que eu percebi que sou muito parecida com ela".

Apresentava-se visivelmente tocada pela sua percepção. Parecia que estava descobrindo, naquele momento, o mundo das representações calcado em um rico e dinâmico jogo de projeções-introjeções. Ela, que se apresentava nas sessões como sendo quase que totalmente desprovida de memória e de mãe, estaria conseguindo "imaginar a 'mão materna' que liga o caos às representações lineares, que faz as linhas sonharem" (Pontalis, 1991, p. 222).

Nessas sessões, em torno de quatro ou cinco, quando então Ângela trazia suas representações de uma mãe rígida e controladora ("achava-me tão diferente dela... Nossa! Não sabia o quanto me apavorava sentir essas coisas em relação a minha mãe...") reencontrava meu lugar de analista. Conseguia manter, tanto quanto possível, a atenção livremente flutuante, percebia uma conflitualidade interna em Ângela, seu discurso se aproximava e se distanciava de um núcleo significativo da experiência, que tentava abertura em direção ao consciente. Não tinha uma ideia precisa do que estava sendo ativado ou freado em sua comunicação, mas seu psiquismo apresentava variações e ritmos, sua mente parecia estar dando sinais de vitalidade: aceitando, recusando e, portanto, selecionando, filtrando inconscientemente, conteúdos significativos de sua realidade psíquica.

No entanto, após esse período Ângela pôs-se novamente a faltar, a se atrasar, a solicitar nomes de analistas para amigas e parentes. Sugiro que a associação livre de ideias representava para Ângela, na medida em que a aproximava de suas fantasias inconscientes e de seus afetos, um enorme risco de acarretar uma espécie de cataclismo e também um mergulho em um estado de dependência incontrolável com a análise e com a analista. A mente de Ângela não parecia se organizar a partir de um continente psíquico capaz de manter um sistema de coexistência conjuntiva entre *sim* e *não*, *presença* e *ausência*.

Um sonho

Depois de alguns aparentemente livres de conflitos, de desejos e de paixões, Ângela teve um sonho: ela estava em casa, e seu irmão (morto de câncer há anos), junto com outros homens, tentava arrombar a porta. Ela, do lado de dentro, esforçava-se ao máximo para que eles não conseguissem entrar.

Nessa sessão, bem como nas quatro subsequentes, foi possível compreender o esforço hercúleo que Ângela fazia para fechar-para-fora vivências ligadas à doença, à morte, e à rivalidade (ela representava seu irmão como o predileto da mãe, o desejado, o único a fazer sua mãe sorrir de orelha a orelha). O irmão morto, que Ângela tinha trancado dentro do armário, voltava disposto a arrombar o dispositivo que a protegia. Tendo trancado sexo, doença e morte dentro do armário, ficava protegida fora. Mas, agora, o armário dela, prestes a ser arrombado, abre para um fora de onde os espectros lhe voltam, ameaçando o espaço dentro do qual ela tem proteção.

Posteriormente a esse período, a análise caiu novamente em assepsia, mas esse período veio acompanhado de algo novo: a imagem do paredão branco. Um muro intransponível que, segundo Ângela, impedia-a de olhar para dentro de si, impossibilitando-a de dizer qualquer coisa para mim. Um enorme obstáculo branco que a impossibilitava de ir além de uma camada superficial de si mesma.

Além disso, Ângela apresentou, nesse período, crises de desidrose (algo que ela havia mencionado apresentar por vários anos, mas que não havia ainda se manifestado desde que estava em análise). Segundo ela, baseada em pesquisa que havia feito pela Internet, a origem dessa doença era desconhecida, mas tinha a ver com o fechamento dos poros de todo o corpo. Na região com pelos isso não causava problema algum, mas nas partes sem pelo, como a palma das mãos, a planta dos pés, os dedos das mãos e dos pés, o fechamento dos poros impedia o suor de sair, provocando o aparecimento de pequenas bolhas e coceira. No caso de Ângela, a desidrose gerava uma compulsão a estourar as bolhas e arrancar depois, com os dentes, as peles salientes, a ponto de produzir pequenas feridas extremamente dolorosas que, às vezes, infeccionavam.

Repetidas experiências desse tipo levaram-me a configurar um padrão, uma forma específica de Ângela lidar com o andamento do processo analítico. Durante algumas sessões era possível, a partir do relato de um sonho, de esboços de conflitualidade e de afetos contrastantes, alcançar um campo analítico onde o pensamento onírico fluía mais facilmente. Em seguida mergulhávamos em longos períodos caracterizados por atrasos, faltas, pela imagem do paredão branco, pela desidrose, pela solicitação de algo concreto. Nesses períodos, adentrávamos uma organização mental na qual *sim* e *não*, *presença* e *ausência* ficavam incomunicáveis. Um paredão intransponível mantinha (em fantasia) consciente/inconsciente, vida/morte, continuidade/ruptura, posição esquizoparanoide/posição depressiva, verdadeiro/falso, nominável/inominável, sem possibilidade de articulação. Decorria dessa organização que cada um desses elementos da vida psíquica, uma vez inarticuláveis, tornavam-se maciços demais e, ao mesmo tempo, pobres demais e intensos demais e desvitalizados demais, deixando, assim, de se tornarem forças a dinamizar o mundo mental. Sob o efeito da cisão, da expulsão, da supressão e do apagamento esses elementos não conseguiam alcançar uma ordem qualquer do discurso e do sentido.

Tanto o *sim* como o *não*, tanto a *presença* como a *ausência*, em um estado de quase total não articulação, tornavam-se psiquicamente intratáveis e, consequentemente, poderosamente ameaçadores.

A partir da imagem do paredão branco, da ausência nas sessões, da presença de um corpo com todos os poros fechados, Ângela comunicava-me as áreas de sua mente abarcadas por rupturas sem continuidade, as quais eram sustentadas e alimentadas por uma fantasia alucinatória de não articulação.

O processo analítico, em sua função de propiciar que o *sim* e o *não*, a *presença* e a *ausência* pudessem se sustentar em um contínuo trabalho de ligação (recusa, aceitação, seleção, filtragem, triagem), ameaçava a organização psíquica de Ângela, ancorada, até então, no triunfo da homogeneidade, ou seja, na fantasia de possuir um espaço mental quase absolutamente uniforme, sem relevos nem saliências.

O lado sinistro do que tinha sido trancado para fora ameaçava entrar novamente por meio de um arrombamento. Em uma tentativa desesperada de controlar a violência pulsional, Ângela intensificava suas oposições ao desejo, reduzindo o objeto ao seu mais indiferenciado estado. De forma compulsiva e canibal arrancava, aos dentes, qualquer saliência, qualquer relevo, qualquer manifestação de um *self*/objeto em altos e baixos. *Sim* e *não*, *presença* e *ausência* precisavam permanecer em estado homogêneo, plano, monocromático.

A análise enquanto espaço de desova

Em um dos períodos de *queda* do paredão branco, Ângela me entregou uma série de poesias que, segundo ela, haviam sido reescritas após o início da análise. Ela me entregou o material e disse: “são poesias viáveis”. Não comentou nada sobre elas. Só entregou o material e pediu-me que o lesse.

Pouco tempo depois dessa sessão, tive a oportunidade de ler suas poesias e fiquei surpreendida não só pela beleza de seus escritos, mas especialmente pelo conteúdo apresentado. Grande parte delas falava de vazios, de falta de contornos, de silêncios. Uma delas saltou-me aos olhos: falava de uma criança nos braços de uma mãe que morrera há muito, muito tempo.

Logo que li essa poesia conjecturei sobre o corpo duro e frio de uma mãe morta, os olhos incapazes de enxergar, a falta de movimento, de som. Imaginei o que seria para uma criança estar nos braços de uma mãe inviável, ou seja, uma mãe não vivaz, psiquicamente não factível, não realizável. A imagem da criança no colo de uma mãe morta comporta vários registros. A mãe morta pode ser uma mãe simbolicamente presente. Uma mãe viva, porém ausente, pode despertar uma série de fantasias ("meu ódio a destruiu, meu amor a trouxe de volta"). Já uma mãe morta, mas que continua sustentando sua criança nos braços, fala de uma estratégia do *sim-não* que propicia, ao mesmo tempo, usufruir do objeto e também ignorá-lo.

Uma dinâmica que expõe, acima de tudo, uma incapacidade para admitir a noção de uma existência com parcerias: a mãe morta, mas que continua sustentando sua criança, é uma mãe negada em termos de troca, permuta, reciprocidade, interação e combinação.

Logo após me entregar suas poesias, Ângela *desapareceu* novamente (chegava atrasada, faltava uma sessão, vinha outras, faltava mais duas...), deixando-me impossibilitada de trabalhar com ela o material trazido em forma de poesia. Em uma de suas faltas peguei-me pensando na palavra "desova". Parecia que, após uma brevíssima *copulação*, Ângela *desovava* conteúdos significativos no *setting* analítico, ao modo do que acontece com anfíbios e peixes. Alguns ovos prosseguiriam o processo de evolução, outros não, fadados que estavam à predação devida à falta de um continente-protetor mais eficaz.

Em outra ocasião, em um dos períodos de *paredão branco* acompanhado de crises de desidrose, peguei-me também confabulando que Ângela *desovava* seus conteúdos na sessão, pelos dedos dos pés e das mãos. E associei essa imagem a uma lenda de certo povo indígena cuja história versa sobre a crença de que os bebês nascem pelos joelhos do pai ou da mãe. Essas associações auxiliaram-me a conjecturar a respeito de fantasias inconscientes, criadas a partir de uma recusa brutal das diferenças sexuais e da atividade sexual dos pais. Fantasias estas geradoras de uma crença inconsciente na reprodução a partir de uma não copulação.

No espaço de desova não há registros de objeto. Em um espaço que somente recolhe aquilo que é expulso não há inferências a um *dentro* e a um *fora*, a uma copulação, fertilização, gestação. Em uma ocasião, quando tentei fazer uma articulação entre a imagem do *paredão branco* e a imagem da *criança no colo da mãe morta*, de uma de suas poesias, Ângela, em um misto de surpresa e terror exclamou: "Nossa! Eu não tinha a menor ideia de que estava escrevendo sobre mim".

Com frequência Ângela me dizia que a grande preocupação de um poeta era saber se aquilo que havia escrito era poesia. "Na poesia" – salientava – "o autor está praticamente invisível, por isso, a crônica é considerada uma escrita de segunda categoria. Na crônica o escritor está todo lá, sem nenhuma transparência, dizia". Por isso sua surpresa e inquietude quando salientei a totalidade de sua presença naquilo que escrevera. Para ela, poesia era fruto de um processo intelectivo altamente sofisticado e completamente desligado da pessoa do autor. O autor estaria completamente desaparecido por trás de sua obra, sem se manifestar.

Depois dessa sessão Ângela chegou atrasada, faltou e quando nos encontramos novamente ela se apresentou tão racional e razoável em suas explanações e eu tão entretida em seguir seu raciocínio que já não conseguia mais articular os sentimentos e pensamentos que havia tido durante sua ausência.

Repetidas experiências desse tipo levaram-me a compreender o temor de Ângela por qualquer manifestação de ligação (copulação, parceria, troca) entre presença e ausência, palavra e silêncio, as páginas com poesias e sua ausência nas sessões.

Inclusão/exclusão na relação analítica

Trago um período da análise, mais ou menos quatro anos após seu início. Assim que se deitou no divã Ângela disse: "Não estava com vontade de vir". Ficou algum tempo em silêncio e continuou: "mas não tem nada a ver com você... [respirou fundo]. Você não sabe o quanto é difícil para mim te dizer isso".

Foi uma sessão tensa. Para Ângela, não querer vir à análise e me comunicar isso poderia, segundo ela, gerar uma coisa muito terrível entre nós: "eu posso compreender intelectualmente que não é nada tão sério, mas por dentro é um terror".

Nas sessões seguintes, novamente atrasos, explanações razoáveis, falta. Mais ou menos um mês depois, Ângela chegou dizendo que havia tido muitos sonhos entre uma sessão e outra, mas que não se lembrava de nenhum: "acho que é porque eu estou bem".

Ficamos em silêncio por vários minutos e então Ângela pôs-se a *filosofar* sobre o que o indivíduo pode esperar de si mesmo frente aos inevitáveis encontros e desencontros das relações, ante a inquestionável realidade da morte e da perda. Ângela foi, assim, durante a sessão, desenvolvendo uma espécie de tese altamente razoável sobre as possíveis saídas do ser humano diante de sua inevitável condição de vulnerabilidade e fragilidade. Sua fala teve, em mim, um incontrolável efeito anestésico, colocando-me sonolenta e desligada. *Acordei* com Ângela dizendo: "Então, veja você, não há nada que o ser humano possa fazer, a não ser aceitar...".

Então eu disse: "Você está me apresentando uma tese sobre você mesma, mas onde está a Ângela que sonha? Onde estão todos os sonhos que me disse ter tido entre uma sessão e outra?". Terminei a sessão e percebi, logo depois, que havia encerrado dez minutos antes.

Na sessão seguinte, assim que abri a porta, Ângela perguntou: "Passou a sua braveza comigo?". "Tivemos uma sessão atípica", frisei.

Ela então me contou sobre os vários sentimentos e ideias que permearam sua mente desde a última sessão. Falou que, a princípio, tinha ficado muito brava comigo, imaginando que eu estava lhe pedindo algo que ela não estava me dando, não porque não queria, mas porque não conseguia e que, por isso mesmo, estava em análise. Depois, relatou ter entrado em um estado de muita tristeza, achando que não iria corresponder às minhas expectativas e, portanto, possivelmente a análise iria acabar.

Contou-me também que havia feito um enorme esforço para vir e que tinha muito medo de que, mesmo vindo, não conseguisse falar comigo sobre essas coisas. Comentei que estávamos perante uma transformação em nossa relação. Ela concordou, mas salientou seu medo de não conseguir levar a análise adiante: "Você sabe que eu recuo, tenho medo de ir matando você dentro de mim de forma silenciosa e lenta, até não sobrar mais nada".

Depois dessa sessão caímos novamente na assepsia habitual, no entanto, ia ficando cada vez mais claro para mim que era preciso eu manter em minha mente a ligação entre esses dois estados, presença e ausência, as sessões e o vazio das sessões, era preciso eu não me tornar a mãe que, embora capaz de sustentar a criança em seus braços, era uma mãe psiquicamente não realizável. Tinha de manter em minha mente o que Ângela não conseguia enxergar e precisava ignorar.

Comentários finais

A análise com Ângela me auxiliou a compreender uma configuração psíquica que tenta continuamente remover da mente tanto as representações do *self* quanto as representações do objeto. A contrapartida é a crença inconsciente em uma realidade (interna e externa) branca, asséptica, sem fraturas, higiênica. Um mundo sem fúrias ou górgones, sem pai nem mãe, sem cena de desejo, sem amor, sem ódio, sem loucura nem remorso, à custa de uma quase total extinção da atividade projetiva-introjetiva.

Trouxe fragmentos da análise com Ângela em que observei uma dinâmica na qual o negativo ocupava um lugar predominante de recusa a qualquer escolha e contradições. Embora rejeitando tudo, Ângela parecia, ao mesmo tempo, apropriar-se de tudo, na anulação, isto é, para manutenção do nada. Uma dinâmica marcada não só por *isto não, mas aquilo sim*, mas sobretudo ambos: *nem isto nem aquilo, mas ambos e nada*.

Ângela lançava mão de uma estratégia radical: anulava não somente a experiência de *self* e do objeto, de forma alternada, mas sobretudo a experiência de ter uma vida mental inconsciente. A imagem do paredão branco, as ausências na sessão, os atrasos de Ângela dizem respeito a um trabalho de supressão e apagamento das representações.

Ao ser capaz de permitir um início de relação mental criativa, o medo de desapontar o objeto ou ser por ele desapontada levava Ângela a recuar para uma dimensão mental de quase total eliminação da experiência de ter uma mente capaz de produzir representações, sonhos, pensamentos oníricos. Entendo, aqui, a palavra "recuar" não no sentido de um retrocesso evolutivo, mas no sentido de retorno ao seu refúgio psíquico (Steiner, 1993), pertencente, no caso, a uma organização defensiva que, por meio de desligamento e desinvestimento, promovia a crença inconsciente de ser o espaço mental um espaço de desova, sem qualquer objeto para recolher aquilo que é expulso, sem qualquer inferências a uma noção de copulação, fertilização, gestação.

No trabalho do negativo apoiado no recalque, o conteúdo deslocado para fora da consciência é preservado junto ao sujeito e é capaz de exercer pressão sobre ele (Hanns, 1996). O forcluído, contudo, com sua ênfase no descarte e na eliminação do conteúdo, não consegue encontrar uma forma de representação capaz de apresentar-se à consciência, como ocorreria com o recalcado, seu modo de representar-se sendo por meio de seu vácuo, vazio, nada (Hanns, 1996). Nessas circunstâncias, o espaço mental, gerador e palco de representações, sonho e pensamento onírico, passa a ser vivido, em fantasia, como uma fortaleza vazia, um paredão branco.

Uma manifestação tanto da destrutividade primitiva visando à eliminação da experiência de se ter uma mente quanto de um sistema de defesas altamente organizado e vigorosamente mantido para neutralizá-la. Nesse caso, o excluído, o estranho, o sinistro (*unheimlich*) não é nem o seio, nem o pênis nem a vagina, não é nem o masculino nem o feminino; o estranho, nesse caso, é a própria mente, ou seja, as criações psíquicas referentes a todos esses elementos. Essa condição remete o analista continuamente à própria origem e natureza da psicanálise, em sua função de conhecimento da mente e seus funcionamentos, isto é, em sua tentativa constante de trazer de volta da *estrangeiridade* a mente e seus produtos.

Essa dinâmica de destruição/sobrevivência da mente do analista foi o pano de fundo da relação com Ângela e fui, pouco a pouco, compreendendo que a sobrevivência da análise estava diretamente relacionada com a minha capacidade de manter em minha mente uma articulação entre presença e ausência, palavra e vazio, identificação e anulação, a poesia escrita e a ausência nas sessões. Uma articulação entre o branco, asséptico, higiênico e seu par complementar: o doloroso, o desapontador, o sanguinolento.

10 Complexo de édipo e pensamento complexo[16]

"Se pegarem um copo de vinho do porto, podem ter a certeza de que nesse vinho do porto há partículas que se formaram nos primeiros segundos do Universo, ou seja, há cerca de quinze milhões de anos; há também o hidrogênio, um dos primeiros elementos a ser formado no Universo, e produto do átomo de carbono, formado quando da existência do sol anterior ao nosso. No copo do vinho do porto, há a conjugação de macromoléculas que se juntaram na terra para dar origem à vida e há ainda a evolução do mundo vegetal, do mundo animal, até o homem, e a evolução técnica que permitiu ao ser humano extrair o sumo da uva e transformá-lo... num copo de vinho do porto temos toda a história do Cosmos e, simultaneamente, a originalidade de uma bebida encontrada apenas na região do Douros. Somos filhos da natureza viva da terra e estrangeiros a nós próprios."

(Edgard Morin)

16 Trabalho publicado na *Revista Brasileira de Psicanálise*, v. 6, n. 2, p. 179-189, 2012.

Desde que Bion (1957) abordou o mito de Édipo sob um prisma que torna o crime sexual um elemento periférico de uma história em que o crime central é a arrogância de Édipo, ao jurar que desvendaria a verdade a qualquer custo, tem havido um avanço no entendimento sobre o modo pelo qual a situação edipiana, concebida internamente, afeta o funcionamento psíquico. A ênfase passa a recair não só sobre o efeito que tem esse conjunto de conflitos centrais da psique humana, na qualidade das relações do objeto e na natureza da ansiedade e defesas, mas também em como a situação edipiana afeta a percepção e o pensamento. A fantasia do indivíduo em relação à natureza da relação parental determinará o modo como ele próprio experiencia seus pensamentos se juntando em sua mente (Feldman, 1992).

Proponho, neste capítulo, que a elaboração do complexo de Édipo – a elaboração do agrupamento central de impulsos conflitantes, fantasias e ansiedades decorrentes da experiência ou fantasia de uma ligação criativa – forma o núcleo de um princípio organizador de pensamentos e ações complexas.

Complexidade é uma palavra originada do latim *complexus* – aquilo que é tecido conjuntamente. O dicionário Webster (2014) define complexidade como "qualquer coisa complexa e intrincada", e define complexo como "um grupo de atividades, ideias ou coisas relacionadas que formam ou são vistas como formadoras de um todo".

Segundo Edgar Morin (2002), o princípio da complexidade objetiva esclarecer o caminho do conhecimento e seus modelos, propondo o pensamento complexo como maneira de ultrapassar o reducionismo e o determinismo. É um pensamento que convida à superação da lógica indutiva-dedutiva-identitária por meio de sua junção com o processo dialógico, ou seja, por meio de um processo de união das noções antagônicas, pela associação de proposições reconhecidas como verdadeiras isoladamente, mas que em contato se negam mutuamente.

Fundamentalmente, o pensamento complexo se caracteriza por uma capacidade para pensar junto e para unir os saberes disjuntos em um processo de não mutilação dos conjuntos, tampouco das partes (Morin, 1977). Isso implica uma concepção cíclica de pensamento que é geradora de um conhecimento que repensa continuamente a própria estrutura do pensamento e que retorna a sua fonte em forma de circuito interrogativo e crítico.

O pensamento complexo promove a aprendizagem, a reaprendizagem e a desaprendizagem, no entanto, sua característica essencial é marcada pela capacidade de manter a reorganização de um sistema mental capaz de reaprender e aprender ciclicamente.

Nessa circunstância, o termo "enciclopédia" não é entendido só em seu sentido acumulativo, mas também em seu sentido originário: *agkuklios paidea*, aprendizagem que transforma o saber em ciclos. Trata-se de *en-ciclo-pediar*, aprender a articular pontos de vista separados do saber, em um ciclo ativo (Morin, 1977).

Particularmente, quero, neste capítulo, argumentar que a elaboração da situação edipiana – em sua característica de promover experiências e fantasias decorrentes da percepção e reconhecimento de um par criativo – forma o núcleo de um princípio organizador de pensamentos e ações que têm como função operar separações, articulações, interligações e interdependências.

Bion (1959a) refere-se à disposição do paciente de atacar a ligação entre dois objetos, o protótipo da qual é a ligação entre boca e mamilo, posteriormente entre o par sexual. A experiência, ou fantasia de ligação criativa, devida ao ódio, inveja e ciúme por se identificar com a parte excluída, é atacada e transformada em uma sexualidade destrutiva e estéril. Nesse caso, não se consegue usar a mente para criar elos de ligação entre os elementos da mente e tolerar as ansiedades resultantes dessas ligações.

Meltzer (1973) amplia essas noções, fazendo uma conexão entre criatividade e o relacionamento que o indivíduo tem com o casal interno de pais a copular. Descreve esse processo como sendo uma presença semelhante à divindade dentro de cada pessoa, da qual deriva um senso de criatividade que pode inspirar o indivíduo aos próprios esforços construtivos e criativos. Para Meltzer, o objeto interno derivado da percepção dos pais em coito, reconstituídos em objetos totais, com versões mais realísticas que aquelas propiciadas pela figura parental combinada, constitui a base – ou é sentida como fonte – da criatividade pessoal: sexual, intelectual e estética.

Britton (1992) formulou também, de forma interessante, o triângulo edipiano na posição depressiva. O fechamento do triângulo edipiano, pelo reconhecimento da ligação que une os pais, fornece uma fronteira que delimita o mundo interno e cria o que denominou "espaço triangular". Um espaço delimitado pelas três pessoas da situação edipiana e todas as relações potenciais.

Diz esse autor:

> Se a ligação entre os pais, percebida no amor e no ódio, puder ser tolerada na mente da criança, ela lhe proporciona um protótipo de uma relação de objeto de um terceiro tipo, no qual ela é testemunha e também participante. Uma terceira posição passa então a existir, a partir da qual as relações

> de objeto podem ser observadas, Assim, podemos também visualizar o ser observado. Isto nos proporciona uma capacidade de nos vermos em interação com outros e de levar em consideração um outro ponto de vista ao mesmo tempo que conservamos o nosso próprio, para refletirmos sobre nós mesmos, enquanto somos nós mesmos (Britton, 1989, p. 73).

Com base nessas formulações, considero que as experiências e fantasias provenientes da vivência com o objeto pais acasalados e acasalando fornecem a matriz para uma condição de conjugar dois ou mais elementos do psiquismo, de modo que cada um preserve suas respectivas qualidades intrínsecas e possa, ainda, gerar vida a um novo elemento. Esse processo constitui a base e fonte do desenvolvimento de um pensamento complexo.

Fundamentarei minhas argumentações em fragmentos extraídos da clínica. Utilizarei, primeiro, um momento específico da análise de uma paciente em tratamento há alguns anos. Trarei duas sessões em particular, pois foi nesse momento que ficou esclarecido, para mim, um modo de funcionamento que testemunhava uma quase total incapacidade para pensarmos juntos, para articularmos conjuntamente nossas ideias, nossas ideias e a experiência emocional em curso, nossas ideias e seus significados.

A paciente deita-se no divã e, após alguns minutos, diz: "na sessão passada ficou comprovado o que sempre pensei sobre a psicanálise... Um tratamento longo e dispendioso para nos fazer chegar no óbvio... No que sabíamos desde o início". E continuou, "quando a gente chega nesse ponto é hora de parar a análise, daí pra frente é hora de se conformar que a vida é assim mesmo".

Fiquei incomodada. Pergunto-lhe sobre o que havíamos conversado que a fez chegar a essa conclusão. "Lembra-se?" –

ela disse – "Você falava a respeito da vida, do amor, do casamento... Pois é, é aquilo mesmo que eu já sabia e que eu sempre soube, casamento é assim mesmo, depois de um tempo acaba a paixão, o tesão e é assim... Quem se conforma se sai melhor".

Essa paciente estava casada há mais ou menos três anos. Aos 30 e poucos anos foi viajar com um colega e acabaram transando. Iniciaram um namoro, logo em seguida ela engravidou e, então, ele foi morar na sua casa. Quando o filho estava com 1 ano eles se casaram. Um casamento seco, quase nada de comemoração, pois minha paciente sentia-se muito desconfortável com o fato de ter engravidado antes de se casar.

Quando me procurou ainda estava solteira. Buscou análise porque há anos estava com depressão e vinha sendo medicada. Tive oportunidade de acompanhar, no início da análise, o estado de turbulência emocional em que ela mergulhou quando ficou interessada por um homem que havia conhecido durante um curso de especialização. O desejo sexual que sentia por esse homem provocou nela um estado mental de intensa desorganização e turbulência. Nunca conseguiu, apesar de ter tido oportunidades, viver concretamente esse erotismo.

O estado emocional de minha paciente oscilava entre a apatia e o caos. Ora apresentava-se em um estado de quase total entorpecimento, ora mergulhada em um estado de desorganização que a impedia de se concentrar, de trabalhar, de cuidar da casa. Dizia que, nos fins de semana, passava horas feito barata tonta, sem conseguir fazer nada do que havia planejado. Esses estados fundamentavam uma limitação da originalidade e da criatividade, um sentimento difuso de irrealidade e um sentimento difuso de não realização de seus projetos.

Antes de engravidar sua fala concentrava-se, basicamente, em sua insatisfação com o trabalho e no que ela dizia ser uma incapacidade para progredir neste, por meio de alguns títulos acadêmicos que deveria obter. Depois que teve o filho, após algumas ameaças de aborto que a colocaram em repouso absoluto, sua queixa passou a versar, fundamentalmente, em sua falta de desejo sexual pelo marido.

Retorno à sessão na qual a paciente formulou que "a análise leva anos para nos fazer chegar ao óbvio". Após sua fala, tentei me lembrar do que havia ocorrido na sessão anterior e me recordei de que aquela tinha sido, para mim, uma das poucas sessões, ao longo de nosso trabalho, em que me senti sensível e receptiva às monótonas queixas dela, ou seja, uma sessão na qual me senti sensível e receptiva às projeções em busca de sentidos.

Geralmente, nossos encontros eram marcados por uma dificuldade nossa em alcançar um campo reflexivo no qual não imperasse um tom lógico ou simplista demais. Essa paciente tinha uma tendência exagerada a relatar fatos concretos: problemas no trabalho, aborrecimentos com o marido, tornando quase inviável criar, nas sessões, um campo onírico capaz de nos aproximar de sua realidade psíquica. Ela relatava de forma sintética os fatos concretos da realidade externa e esperava de mim *dicas* para solucioná-los.

Na sessão interpretada pela minha paciente como sendo aquela na qual pôde perceber o óbvio e que daí pra frente só lhe restava se acomodar, não tive a impressão de que havia se estabelecido entre nós um tom predominantemente concreto. Pude me recordar de que, em algum momento, havia compartilhado com ela um poema que dias antes havia conhecido e que tinha me emocionado. Era um poema de Antonine Maillet (1986, p. 112) em que a poeta diz que escrevia porque tinha a impressão e o sentimento de que o mundo era inacabado, como se Deus, que criou o mundo em seis dias e que descansou no sétimo, não tivesse tido tempo de fazer tudo. Acho o mundo pequeno demais, a vida demasiado curta, a felicidade insuficiente. Confessou a poeta: "Escrevo para acabar o mundo, para acrescentar à criação o oitavo dia".

Lembro-me de que introduzi esse poema na sessão quando a paciente trazia, uma vez mais, sua falta de desejo sexual pelo marido e sua insatisfação com o casamento. Eu já havia abordado essa questão, fundamentada no que fui conhecendo ao longo da análise, sob vários prismas: seu terror em se entregar ao mundo sensorial, sua dificuldade em viver a penetração como fonte de prazer e criatividade, seu terror de se tornar uma devassa.

Uma característica dessa análise é a impossibilidade da paciente em absorver minhas comunicações e dar continuidade ao processo analítico. Isso eu já havia percebido, mas o que esclareceu, para mim, na sessão em pauta, é de que forma o processo de introjeção do objeto psicanalítico não se efetivava.

Em trabalhos anteriores (Adamo & Lamanno-Adamo, 1997; Lamanno-Adamo, 1999; 2002) discuti como o processo de não introjeção do objeto analítico ocorria por apagamento e supressão, por desqualificação e/ou por incorporação canibalística das comunicações do analista.

Logo após minha lembrança sobre o que havia ocorrido na sessão anterior, veio-me à mente a imagem de minha paciente envolvida em um campo magnético (uma imagem que vi certa vez em um filme de ficção científica) que pulverizava projéteis perigosos muito antes que estes alcançassem o alvo.

Essa imagem me auxiliou na compreensão de como minhas comunicações não chegavam a alcançar minha paciente, deixando-nos em um estado de quase total disjunção e desligamento. Minhas ideias eram imediatamente pulverizadas, de tal forma que o que chegava a sua mente eram os estilhaços das minhas ideias, tratadas, por ela, como o todo. S. reduziu minha interpretação a um quase nada, aumentou para menos, esvaziou o conteúdo afetivo do encontro, vendo coerência apenas na linguística da comunicação. Nessa sessão é que pude perceber que essa sua forma de *jogar fora* o conteúdo afetivo da comunicação e reduzi-lo a uma frase seca que obstruía o fluxo do sonho, da imaginação e do pensamento constituía-se em um padrão de comunicação de nossos encontros.

Abordarei dois elementos fundamentais para a compreensão desse fenômeno. Primeiro, o campo de sensibilidade/sensorialidade criado na sessão e que, penso, foi o desencadeante do *campo magnético pulverizador*. Segundo, a natureza desse campo estilhaçador e sua relação com a natureza de pensamentos e ações que ele produz.

Uma parte central do mito de Édipo, como já assinalou Bion, é o episódio da luta com a Esfinge, que lhe abre caminho para Tebas e para o leito de Jocasta. Lembra-nos Mezan (2002) que os estudos dos helenistas, em particular os de Delcourt, mostram que a Esfinge é antes de tudo um monstro ávido de sangue e sexo, que arrebata os jovens tebanos (ao modo das sereias encontradas por Ulisses) para copular com eles e exauri-los até a morte.

A transformação da Esfinge em um personagem que traz questões a serem decifradas é tardia. Essa mutação tardia da figura, inicialmente tida como uma alegoria da sedução que arrasta o homem à loucura e à morte para uma figura que desafia a inteligência, testemunha uma mudança nos rumos de como o homem tece o conhecimento a respeito de sua natureza.

A mudança da Esfinge como figura que excita os sentidos para uma figura que excita a intelectualidade mostra um avanço nos processos mentais que geram conhecimento, à medida que os conceitos, lembranças e deduções adquirem importância decisiva. No entanto, o mito testemunha também que esse avanço vem em detrimento das atividades psíquicas relativas às percepções geradas pelos sentidos. A Esfinge, figura que em seu estado original excita os sentidos, destrói-se assim que o enigma formulado por ela é decifrado por Édipo.

A intelectualidade, assim como aparece no mito de Édipo, vem marcada por uma conotação de força, de violência, denunciando aí não uma ligação criativa entre os sentidos e a razão, mas uma vitória brutal conquistada a partir da eliminação do que é percebido pelos sentidos. Nascimento da intelectualidade por meio de uma negação maníaca de sua conexão com o reino dos sentidos: "a esfera da teoria sendo manchada pelo sangue de uma Esfinge conduzida à morte, inapelavelmente, pela luminosidade do *logos*" (Mezan, 2002, p. 162). Negação maníaca também do *outro* como fonte de indagação, oposição, complementação, interligação e interdependência. O *logos* sendo construído a partir da eliminação do que pode ser percebido e conhecido pelo sensorial e também pela eliminação maníaca da percepção e reconhecimento do *outro*.

Esse, penso, é o *logos* que fundamentou a formulação de minha paciente: "a análise demora anos para nos fazer chegar no óbvio, os que se acomodam se saem melhor".

Assim como no mito de Édipo, minha paciente transformava o campo sensorial e emocional, e também o campo do *outro*, em um monstro ávido por sangue e sexo que poderia arrebatá-la a uma copulação que a enlouqueceria e que iria exauri-la até a morte. Em consequência, surge a construção de um sistema defensivo (a pulverização de minhas comunicações, antes de alcançarem a sua mente), o qual se constitui no núcleo de um sistema ideativo com características reducionistas e simplicistas.

Retorno à sessão que levou minha paciente a concluir que "a análise é um tratamento longo e dispendioso para nos fazer chegar no óbvio".

Lembro-me de que após introduzir, na sessão, o poema de Maillet, recuperei também a lembrança de que havia conhecido esse poema por intermédio de Hubert Reeves (2000), em uma transcrição de uma entrevista que ele deu à radiotelevisão belga RTBF Liège. Reeves, renomado astrofísico da Universidade de Montreal, utiliza o poema de Maillet para recolocar a atividade artística na evolução do mundo, o que lhe valeu o apelido de *o poeta da astrofísica*.

Lembrei-me, também, de que havia me sensibilizado quando encontrei, na fala de Reeves, seu apego e admiração por Winnicott. Gostei da forma como ele sintetizou as ideias de Winnicott: "um homem para quem a importância primordial, para o ser humano, de reconstruir uma realidade enriquecida e embelezada, é uma das certezas fundamentais do inconsciente" (Reeves, 2000, p. 6).

Para o astrônomo, disse Reeves, o telescópio é, em certo sentido, o prolongamento do urso de pelúcia de sua infância. Ele lhe permite ser ativo em face desse universo significativo no qual nos descobrimos mergulhados, e nesse sentido "todo ser humano, em sua esfera de atividade pequena ou grande, pode ser um artesão do oitavo dia" (2000, p. 15).

Após ter introduzido, na sessão, o poema de Antonine Maillet, e após essas minhas rememorações, compartilhei com minha paciente, com entusiasmo, essa bela articulação que o astrofísico fez entre poesia, psicanálise, astronomia e nossas atividades do dia a dia. Comuniquei-lhe, também, que o sentimento de mundo inacabado, de pequeno demais, de vida demasiado curta, de felicidade insuficiente, não geravam nela o desejo de ser uma artesã do oitavo dia, mas uma revolta paralisante. Em essência, esse foi o teor do encontro e da conversa que tivemos e que foi reduzida na sessão seguinte em: conhecimento do óbvio.

Pensando agora, em retrospectiva, considero que a introdução, na sessão, do poema de Maillet e minha lembrança da ligação do astrofísico com as ideias de Winnicott funcionaram como um terceiro na relação analítica. Testemunharam meu relacionamento com outros objetos, mais especificamente, meu relacionamento com o objeto interno psicanalítico e com a minha paixão ativa pelo tipo de conhecimento que ela me proporciona (Caper, 1995). Nesse momento da sessão, penso ter rompido a transferência narcísica (Caper, 1997) que frequentemente se estabelecia entre nós, ou seja, um rompimento na minha identificação com o objeto interno obstrutor de ligações criativas. Na relação íntima da sessão analítica, com frequência, me identificava com esse objeto, ou seja, com o objeto obstrutor de ligações criativas, ficando assim impossibilitada de criar elos de ligação entre as minhas ideias, entre as minhas ideias e as ideias da minha paciente, entre nossas ideias e a experiência emocional em curso, entre essas e suas significações.

Segundo Caper (1997), a identificação do analista com as projeções do paciente é parte integrante do processo, mas só quando o analista é capaz de se distanciar das projeções do paciente ele estará em posição de interpretá-las. A capacidade do analista em fazer isso depende de ele possuir elos de ligação com seus objetos internos que sobrevivem às projeções do paciente e suas manipulações inconscientes. Em especial, o elo de ligação que o analista tem com a psicanálise, uma vez que este é o elo que permite que ele trate as projeções do paciente como objetos de conhecimento e, portanto, que as interprete.

Penso que a experiência, na sessão, de um analista que tinha elos de ligação com o objeto interno psicanalítico gerou na paciente uma experiência emocional insuportável. Identificada com S., minha possibilidade de sonhar e de transitar mais livremente comigo mesma, ficava com frequência obstruída. No entanto, quando introduzo a poesia de Maillet com entusiasmo e sensibilizada pela minha lembrança do apego e admiração do *poeta da astrofísica* por Winnicott, está desfeita a intelectualidade sustentada na negação maníaca do outro e na eliminação do que é percebido pelos sentidos. S. reage. O que foi criado na sessão fica reduzido a uma simplista constatação do óbvio, manifestação de uma relação de oposição à gratidão e criatividade e também do terror de ser penetrada e de gerar vínculos. A possibilidade de criação e de estética está ligada às primitivas relações com o objeto pais acasalados e acasalando e um razoável equilíbrio entre as ansiedades paranoides e depressivas surgidas dessa experiência, situação não possível ainda para S.

Bion (1959a) propõe que, mesmo quando o indivíduo é participante de uma ligação criativa, compartilhando uma experiência emocional invejável, ele também se identifica com a parte excluída, com a consequente dor, inveja e ciúme. Resulta daí que a ligação criativa é atacada e transformada em uma ligação hostil, tornando o acasalamento estéril. Isso pode tomar a forma de um ataque ao estado mental do analista ou na compreensão que se pode desenvolver entre paciente e analista. Como consequência, há um exagerado predomínio, na parte psicótica da personalidade, de elos de ligação que parecem lógicos, quase matemáticos, mas jamais razoáveis, sensatos, do ponto de vista sensorial/emocional. Os elos de ligação que sobrevivem são perversos, cruéis, estéreis. Tal princípio, enfatizo, opera a manutenção de uma organização mental que elimina continuamente as contradições, singularidades e articulações. É um sistema de operação que promove o simplicismo, uma vez que mutila conjuntos, distinções, particularidades e sujeitos.

Simplicismo é entendido aqui, indo ao encontro da formulações de Morin (2002), como sendo a disjunção de elementos em entidades separadas e fechadas e que têm por efeito um reducionismo, na medida em que expulsa o que não cabe em um sistema linear de conhecimento.

Esse funcionamento implica um modo fundamental de pensamento no qual a percepção é subsidiada pela contínua eliminação do estranho, do oculto, do mistério, do acaso, do imprevisto. A ideação está a serviço de uma crença de que a realidade pode se reabsorver da ideia de que o real só pode ser conhecido por meio da intelectualidade e não pelos sentidos. E onde o ajuizamento está submetido ao desejo de encenar a realidade na ordem e na coerência de um sistema que recusa qualquer transbordamento deste.

Se as experiências ou fantasias de ligação criativa não puderem ser toleradas na mente, ficamos sob o jugo da figura parental combinada:

> abraço mortífero que tem o poder de anular, de reduzir o Duplo, vetor da vida, ao Um, espelho da morte. O aparelho psíquico fica assim reduzido à figura do *não-figurável*, do não representável, uma espécie de antissímbolo, de anticena primária, ou o tipo mesmo do não-simbolizável (Ruffiot, 1991, p. 40).

Vou trazer, agora, momentos da análise com S. nos quais há uma sustentação do par edipiano criativo, com expansão do pensamento.

Em uma sessão, três anos após aquela na qual introduzi a poesia de Maillet, comuniquei a S., após suas queixas usuais, que ela se colocava em uma *torre* para não sentir seu sofrimento. Imediatamente ela se pôs a recitar: "Quando Ismália enlouqueceu, pôs-se na torre a chorar, viu uma lua no céu, viu outra lua no mar". "É uma poesia" – ela disse – "não sei ao certo de quem, é de um daqueles poetas antigos, mineiros [S. é mineira]; conheci essa poesia quando eu estava no ginásio, mas não me lembro do resto, só deste pedaço, que é o começo". Nessa ocasião, interpretei que ela estava me demonstrando vontade de alcançar alguma compreensão sobre seu isolamento, seu desespero, sua confusão.

Depois disso, S. retornou ao seu padrão usual de comunicação, marcada por uma fala *chapada*, desmoronando qualquer possibilidade de encadeamento da afetividade e do pensamento.

Dois meses depois, ela traz à análise seu primeiro relato de sonho: "estou vindo para a análise, mas é uma casa, e o divã é uma cama de casal, o meu marido e o meu ex-namorado estão deitados juntos comigo. Quando você chegou eu peguei na mão uma semente grande, redonda, que estava em cima da minha barriga. Eu abri para ver o que tinha dentro".

Ela disse em seguida: "Acho, Vera, que eu quero muito descobrir o que se passa comigo, o que se passa na minha relação com o meu marido, o que de fato aconteceu comigo aos 20 anos, com o meu ex-namorado de muitos anos, por que rompemos, o que aconteceu comigo que fui perdendo o interesse, minguando". Enfatizei, naquele momento, que ela estava reconhecendo que continha em seu interior muitas vivências para serem indagadas, reconhecidas e compreendidas (a semente grande e redonda em cima de sua barriga que ela pega e abre para ver o que tem dentro). Disse também que seu sonho revelava que ela estava menos temerosa de fazer aquilo ali comigo, em uma relação de privacidade e intimidade.

Na sessão seguinte, S. deita-se como geralmente o faz, com as mãos cruzadas na barriga, imóvel, quase nenhum sinal de vida. Espero alguns minutos para ver se ela reage, fico pensando se devo ou não estimulá-la. Espero mais um pouco e, então, ela diz que estava muito mal (fala baixinho, é mais um gemido que uma fala). Diz achar que era tristeza, "não tenho ânimo para nada", salientou. Fica em silêncio, um longo silêncio, então diz: "acho que você tem razão, eu não me lembro de ninguém na minha infância, não me lembro da minha mãe, da minha irmã, do meu pai, não me lembro de brincar com a minha irmã, acho que os meus pais saíam muito, viajavam muito, e eu ficava com a minha tia".

Segue-se, daí, um longo relato sobre o quanto gostava dessa sua tia, de brincar no quintal dela, dos vasos de flores rodeando o muro, da comida que ela fazia. Lembrou-se da amiguinha que encontrava na casa da tia, do quintal enorme, de como era bom jogar bola. Foi um relato vivo que me fez conhecer um pouco de sua infância. E eu disse: "você está recuperando sua memória, S".

Ficamos em silêncio alguns minutos e, então, ela me falou sobre uma propaganda que tinha visto na televisão. Um homem no meio de um campo florido sob um céu muito azul. Há também balões muito coloridos que, na medida em que vão estourando, transformam-se em uma nuvem cinza. Essa imagem vem acompanhada da seguinte fala: "isso é o que acontece com cada sonho que você não realiza".

"Fico muito pensativa" – ela disse – "quando vejo essa propaganda. Acho que eu fui fazendo isso com a minha vida e agora vivo sob uma densa nuvem cinzenta... É por isso, Vera, que estou pensando muito seriamente em pegar parte da minha herança e comprar uma casa. Acho que seria muito mais feliz numa casa. Quero cozinhar para os meu filhos enquanto eles brincam no quintal, quero pisar no chão descalça, sentar no jardim, cuidar das plantas".

Segue-se daí uma longa descrição de todas as coisas que poderia fazer caso morasse em uma casa.

Entendo essa comunicação de S. como um sinal de início de desobstrução e construção de um espaço de sonho. Digo isso a ela. Depois de uma longa pausa, S. começou a descrever como é a casa de seus sonhos: "não muito grande, quintal com muita grama e flores, uma piscina pequena, churrasqueira, um forno para assar seus pães de queijo". Então eu disse: "essa casa me parece muito confortável e muito agradável". Depois disso ficamos em silêncio até o final da sessão.

Na sessão seguinte, S. deita-se e fica em silêncio como de hábito, eu não digo nada, espero... "Sonhei com você agora de manhã, tive uma noite *picada*, dorme e acorda, na hora me lembrava perfeitamente do sonho, agora não me lembro direito, eu cheguei e você estava distribuindo um mapa para os seus pacientes, acho que era um mapa, mas não tenho certeza, talvez fosse um papel com a identificação de seus pacientes, e não estávamos só eu e você na sala, tinha mais gente, acho que uma mãe e uma filha, talvez mais gente, e daí eu pedi para você tirar essas pessoas da sala porque com todas aquelas pessoas ali, não ia dar" (pensei que S. estava me solicitando privacidade e intimidade para adentrar seu espaço de análise).

Em seguida, disse que teve um fim de semana difícil, que só queria dormir, um torpor, frisou. Durante a noite, lá pelas tantas "eu peguei o livro de Fernando Pessoa e abri em qualquer página, e me dei com a página 78, e era eu, Vera, ele falava de mim, como naquela música do Milton Nascimento: cabe tão bem em mim que não sei como não foi feita por mim. Eu até trouxe o livro para você ver, quero ler para você, e eu fiquei na tarde do domingo no quarto, num dorme e acorda, e tocou o telefone, achei que era minha mãe, e eu disse 'que bom, deve ser a minha mãe', mas não era, era um primo meu e foi muito bom, o telefone me despertou e aí eu fiquei melhor".

"Você fica fora de contato" – eu disse – "nem podendo dormir e sonhar nem podendo acordar e usufruir da companhia do seu marido, filhos, mãe".

"É isso mesmo, vou pegar o livro para você ver como eu sou. É só esse parágrafo, olhe!".

Pegou o livro (*O livro do desassossego*) e deu para eu ler. Primeiro eu li sozinha e então, em voz alta para nós duas:

> Há sensações que são sonos, que ocupam como uma névoa toda a extensão do espírito, que não deixam pensar, que não deixam agir, que não deixam claramente ser. Como se não tivéssemos dormido, sobrevive em nós qualquer coisa de sonho, e há um torpor de sol do dia a aquecer a superfície estagnada dos sentidos. É uma bebedeira de não ser nada, e a vontade é um balde despejado para o quintal por um movimento indolente do pé à passagem (Pessoa, 1989, p. 139).

Então, eu disse: "é mesmo, cabe muito bem em você, parece que foi feita por você, S." – e frisei – "interessante esta imagem, 'a vontade é um balde despejado para o quintal'".

S. prosseguiu: "Estou me lembrando de quando estava na faculdade e namorando o E., eu estava com ataque de pânico, acho eu, é uma sensação terrível, um mal-estar horroroso, e eu pedi para ele vir comigo no meu apartamento, mas chegando lá não me senti melhor, aí queria que ele fosse embora, eu achava que era ele quem estava me provocando aquilo, na verdade, hoje eu sei que não era ele, mas eu queria me livrar daquilo que estava sentindo, uma sensação horrível, daí eu cheguei perto da janela, tinha uma janela branca bem grande na sala do meu apartamento e eu pensei 'vou me jogar', mas eu não queria me matar, eu só queria me livrar daquilo, daquele turbilhão".

"E você buscou sossego no torpor." – eu disse.

"É, Vera, logo em seguida eu dormi, mas não era um sono bom, eu só queria dormir bem, mas o meu sono era um sono picado que não me dava sossego".

"É um falso sossego, pois na verdade você fica num lusco-fusco que não te deixa nem descansar nem ficar acordada, nem viva nem morta".

"Fico pensando que se eu comprasse uma casa com um belo quintal, piscina, churrasqueira, eu poderia curtir tudo dentro, com meus filhos, meu marido, convidar minha mãe, minha irmã, alguma amiga, eu não precisaria ir ao shopping de domingo à tarde com os meus filhos para tirá-los de dentro do apartamento... Sabe, eu estava pensando outro dia que eu só vou no Shopping Galeria porque ele é aberto, cheio de plantas e me faz pensar que eu estou num quintal".

"Você está querendo muito sair do seu torpor e adquirir uma condição mental – uma casa interna – possível de abrigar seus gostos, desejos, sonhos, sentimentos, as pessoas que te são caras, suas memórias...".

"Quando meu pai ia para a praia, ele adorava ir para a praia, ficava depois do almoço na rede dormindo, aí ele acordava e ia meio cambaleando para o mar e se jogava, então ele dizia que não tinha nada melhor do que aquilo, um bom sono e depois aquele choque com a água do mar te acordando".

"Você deve, neste momento, estar usufruindo o prazer de estar acordando após um longo estado de torpor".

Trouxe dois momentos da análise com S. para ilustrar o argumento central de meu pensamento. A elaboração do complexo de Édipo, em sua possibilidade de sustentar o par edipiano criativo, constitui a matriz de pensamentos e ações complexas. Constitui um espaço interno capaz de abrigar desejo, sonho, imaginação, pensamento e memória, dos quais deriva um senso de criatividade que pode inspirar o indivíduo a seus próprios esforços construtivos e criativos, na medida em que fornece uma condição de conjugar os elementos do psiquismo, de modo que cada um preserve suas respectivas qualidades intrínsecas e possa, ainda, gerar vida a um novo elemento.

Se a ansiedade associada à experiência ou fantasia de uma ligação criativa é insuportável, então haverá uma interferência correspondente no princípio organizador de pensamentos e ações complexas. Quando o amor e o ódio vivenciados na relação com um par criativo é insuportável, a concepção de interligação e interdependência não chega a ser alcançada, a experiência ou fantasia de ligação criativa é obstruída e transformada em uma ligação hostil a ser combatida. Quando isso ocorre, o indivíduo pode ser capaz de separar, imitar, igualar, aglomerar, confundir, mas não de conjugar de forma fecunda. Esse funcionamento, penso, constitui-se no núcleo de um princípio organizador de pensamentos e ações que mantém operações disjuntivas/reducionistas/simplicistas. A matriz de pensamentos e ações que são, ao mesmo tempo, produto de uma intelectualidade fundamentada na negação maníaca de sua conexão com os sentidos e na negação maníaca do outro, e que também *ajudam* a sustentar essa matriz.

11 História, espaço e tempo no processo analítico[17]

"Uma história é, no fundo, um pensamento sobre a vida."

(Andréia M. Simão, roteirista e diretora)

Construindo a poética de um espaço analítico

Assim que Diego chegou ao consultório de sua analista, na primeira entrevista, foi logo dizendo: "Cheguei, aqui é o meu lugar!"

A que espaço Diego imagina ter chegado? De onde estaria vindo? Em que tempo estaria Diego?

Quem sabe Diego possa ter se imaginado chegando a uma casa como ponto de referência no mundo, como signo

17 Trabalho vencedor do prêmio *Psicanálise e Liberdade*, outorgado pela Federação Psicanalítica da América Latina e publicado na revista *Calibán – Revista Latino-Americana de Psicanálise da FEPAL*, v. 2, p. 16-30, 2013.

de habitação e proteção, a uma casa que abriga o devaneio, que protege o sonhador, a casa que nos permite sonhar em paz, a casa, nosso canto de mundo, lugar onde se integram pensamento, lembrança e sonho (Bachelard, 1996).

Pode ser que Diego tenha imaginado ter chegado a um ninho, sua penugem externa, o abrigo onde ele pode encolher-se em seu canto, sua morada quente. Ou a uma concha, espaço singular que cresce e se constrói na mesma medida que seu morador. Quem sabe a uma floresta, um antes de mim, um antes de nós, como se sempre tivesse sido velha (Bachelard, 1996).

Talvez Diego pudesse ter se imaginado chegando a um pequeno canto de uma sala:

> todo canto de uma casa, todo ângulo de um aposento, todo espaço reduzido onde gostamos de nos esconder, de confabular, é, para a imaginação, uma solidão, ou seja, o germe de um aposento, um germe de uma casa (Bachelard, 1996, p. 84).

Em tempos de desamparo, necessitamos de um espaço como ponto de referência, lugar que abriga o devaneio, que protege os sonhos e favorece integrá-los com o desejo e o pensamento. Em tempos de *nervos à flor da pele*, necessitamos de um ninho, penugem externa, uma morada quente, uma concha. Em tempos de introspecção, queremos um canto de uma sala, um espaço reduzido. Em tempos de expansão, é uma floresta que desejamos, um antes de nós, um antes da civilização e da urbanização.

Discorrendo sobre os encontros e solidões do nosso tempo, Silvia Corbella (2008) utiliza-se do porto como metáfora para o espaço analítico. Quem chega pelo mar, diz, depois de ter afrontado ventos e tempestades ou uma calmaria desesperadora, deve poder aportar, pelo tempo que for necessário, para restaurar os danos provocados pela navegação: "para cada problema deverá ser buscada uma solução adequada, tolerando longos períodos de espera, de não entendimento, de navegação orientada apenas pelos olhos, de perda da bússola" (p. 165).

Bolognini (2004) retrata alguns bares que aparecem nos filmes *on the road* dos anos 1970, tendo como protagonistas os jovens que viajam de moto ou em velhos automóveis, atravessando intermináveis desertos norte-americanos, e nos lugares mais incríveis encontram um bar em um barracão de madeira. Em geral, os garçons desses bares têm a característica de não se surpreenderem com nada, eles *estão lá* e veem os mais diversos personagens passarem, alguns descarregam em cima do balcão as mais estranhas histórias humanas, e o garçom mantém sempre a porta aberta, e muitos retornam várias vezes contando suas histórias. São muitas as situações, encontros, brigas, atmosferas persecutórias, alguém que está sendo perseguido, que é procurado pela polícia ou que está procurando alguém, e o garçom continua firme, mantém seu bar aberto no deserto e é reservado, mas disponível para todas as histórias: "o garçom do bar no deserto é às vezes um outro no sentido de *não-eu*, às vezes, um outro como *self-objeto*, mas nunca protagonista" (p. 262).

O filme *Bagdá Café*, de Percy Adlon, é sobre a vida em um desses bares de que nos fala Bolognini. O conjunto Bagdá é um estabelecimento incomum, situado no deserto de Mojave, perto de Las Vegas. Um estranho café que, aparentemente, tem quase nada para oferecer aos seus clientes. Os quartos são simples, o posto de gasolina parece mais seco que os poucos carros que aparecem ali para abastecer. Não há lucro financeiro, apenas uma possibilidade de sobrevivência. Esse local à beira da estrada funciona como ponto de interseção de algumas vidas: a desleixada proprietária, sua filha espirituosa e vulgar, seu filho músico incompreendido em sua arte, um ex-ator de Hollywood e pintor, uma mulher que faz tatuagens. É aí que vai parar a alemã Jasmin, depois de ter sido largada no meio da estrada pelo marido, após uma séria discussão entre eles.

Uma alemã observadora, mulher com alma solidária, delicada e atenta, impossível de ser decifrada em um simples contato superficial. Trata-se de uma mulher singular, que causa estranheza em um lugar onde as relações são rudes e truncadas, onde a família se relaciona com aspereza e onde não se vê futuro nem alegria. Sua chegada muda o café fisicamente, assim como a maneira de servir os clientes e, principalmente, a forma de as pessoas encararem a vida. A música "I'm calling you", interpretada por Jevetta Steele, expressa a atmosfera desse deserto de possibilidades: "Há uma estrada que vai de Vegas para nenhum lugar, um lugar melhor do que você já esteve, eu estou te chamando, pode me ouvir?".

Cada navegador, cada viajante *on the road* tem uma história a contar. A restauração dos danos provocados pelos ventos fortes, tempestades, calmarias desesperadoras, cantos de sereia, motins devastadores ou travessias na aridez do deserto, a monotonia da paisagem sem relevo, a seca, a sede, a viagem solitária, é feita a partir da história construída sobre o espaço em que se está e o espaço em que se esteve. Uma história sobre a existência revestida de espaço interno, um espaço que tem tanto o ser do analista como o ser do analisando.

Tornar um personagem *vivo*, diz Kundera (2009), significa ir até o fim de sua problemática existencial. O que quer dizer, ir até o fim de algumas situações, alguns motivos, algumas palavras que o moldam. Assim, um romance não examina a realidade, mas, sim, a existência, o campo das possibilidades humanas, tudo aquilo que o homem pode tornar-se, tudo aquilo de que é capaz. O romancista desenha o *mapa da existência*, descobrindo esta ou aquela possibilidade humana. "Existir, isto quer dizer: ser-no-mundo. O romancista não é nem historiador, nem profeta: ele é um explorador da existência" (p. 21). Existir é ser-no-mundo em determinado espaço e tempo. Existir é histórico, é fruto de um história construída em determinados espaços e tempos.

A história de Gabriel Joaquim dos Santos

Gabriel Joaquim dos Santos, um homem pobre, negro, trabalhador das salinas da região de São Pedro da Aldeia, no Rio de Janeiro, entre 1923 e 1985, quando morreu com 92 anos de idade, foi embelezando seu lar com materiais recolhidos no lixo doméstico e no refugo das obras civis do local.

Segundo Amelia Zaluar, desde criança Gabriel pressentia que teria de dar vazão a sua grande criatividade e a seu temperamento artístico. No ano de 1912, começou a construir, próximo ao lar da família, uma casa – pequena, de pé-direito baixo e somente três cômodos: sala, quarto e depósito para guardar quinquilharias. A passos lentos, conforme ia conseguindo o material, foi erguendo a casa de pau a pique.

Certa vez, um sonho lhe mostrou a imagem de um enfeite. Como não tinha condições de comprar o material, teve uma ideia que, de tão estranha, fez que muitos parentes e vizinhos passassem a olhá-lo com espanto: usar o lixo abandonado nas pequenas estradas dos arredores, garimpando cacos de cerâmica, louça, vidro, ladrilhos e uma infinidade de objetos considerados imprestáveis para o uso, como velhos bibelôs, lâmpadas queimadas, conchas, pedrinhas, correntes, tampas de metal, manilhas, faróis de automóveis etc.

Gabriel, inspirado por sonhos e devaneios, começou, então, a criar flores, folhas, mosaicos, cachos de uva, colunas e esculturas fantásticas, luminárias com lâmpadas queimadas, vidros para proteção de um osso de baleia e de alguns bibelôs mais bonitos; molduras para retratos, uma estante chamada por ele de *altar dos livros*, bancos e armários de alvenaria. Não havia materiais nobres: o imprestável, o estragado, o feio, o inútil, transformavam-se, sob seu olhar, em matéria preciosa para a criação artística.

Em uma entrevista a Amélia Zaluar, Gabriel disse: "De noite, acendo a lamparina, me sento nessa cadeira, oh, que alegria para mim! Quando eu vejo tudo prateado, fico tão satisfeito... Tudo caquinho transformado em beleza".

Gabriel, que aprendeu a ler aos 36 anos com um garoto da vizinhança, costumava anotar – em letra de fôrma – em cadernos simples e baratos todos os acontecimentos que o impressionavam. Descrevia nascimentos e mortes como, por exemplo, o dia em que mandou sacrificar sua cachorrinha Diamante, casamentos de familiares e conhecidos, suas próprias doenças e consultas a médicos e hospitais, os presentes dados e recebidos, os enfeites criados para a sua casa e os objetos doados para decoração, os salários recebidos, os problemas relacionados ao trabalho nas salinas, graves tragédias (incêndios, temporais e naufrágios). Além desses fatos cotidianos, ele anotava ainda alguns dos grandes acontecimentos políticos do Brasil: "Getúlio Vargas enviou forças brasileiras pra guerra na Europa no dia 13 de setembro de 1943". "A ponte do Cabo Frio foi feita no ano de 1926". "Gabriel botou vidro de carro em cima da casa no dia 19 de junho de 1978 botou garrafas nas manilhas no dia 20-06-78 botou azulejos na cama dia 11 julho-78".

Mas o caderno de apontamentos de Gabriel não informa apenas os fatos e acontecimentos do seu cotidiano, ele contém também sua poética: "Eu tenho um pensamento vivo, a casa depende do espírito, é uma casa espiritual, aquelas flores é feita de caco, caco de pedaço de pedra, porque quero fazer que fique aí, não se desmanche. A chuva bate, lava, é uma sempre-viva, aquilo. Vem uma pessoa com um azulejo, eu boto. Vem uma pessoa com um caramujo, eu boto. Vem uma pessoa com um prato quebrado, quebra uma jarra, eu faço aquela ramagenzinha, uma rosa, boto pra enfeitar. Esta casa não é uma casa é uma história, é uma história porque foi feita de pensamento e sonho".

Dispositivos clínicos utilizados na construção de uma história analítica

O analista se inclina, narra, descreve, sonha e pensa o invisível da vida psíquica de seu paciente. Sua sala, às vezes, é o porto seguro recebendo os navegantes após longos períodos de navegação tempestuosa, às vezes ele é o garçom do bar do deserto recebendo, de portas abertas, os viajantes *on the road*, outras é a alemã Jasmin com seu café forte e amargo, alma solidária e atenta. Semelhante ao romancista, o analista também é um explorador da existência. O que é a existência dessa pessoa, em que reside sua poesia ou falta dela? Que mundo essa pessoa habita? Em que tempo? Uma responsabilidade para com os fatos trazidos pelo seu paciente e que não anula a imaginação. O psicanalista transforma simples informação em engenho. A partir de sua curiosidade e espírito de investigação, o analista se ocupa da confecção da existência de seu paciente. Separa dados, entrelaça-os, detém-se nos que escapam, nos que se justapõem, nos que se embaralham. Como o sr. Gabriel Joaquim, o analista constrói flores feitas de caco de pedra, flores sempre-vivas. O paciente traz um pedaço de azulejo, um caramujo, um prato quebrado, cacos de lembranças, traços de memórias, e o analista vai construindo a *casa da flor sempre-viva*, uma casa que não é só uma casa, uma casa que é uma história porque foi feita de sonho e pensamento. Uma casa capaz de integrar desejo, pensamento, lembrança, sonho e imaginação. Uma casa que contém uma "matriz de histórias possíveis" (Ferro, 2002), um tipo de espaço criativo em que os pacientes podem narrar suas lembranças de diversas maneiras e reconstruir sua história, cujo significado simbólico se torna, em consequência, mais amplamente acessível.

O analista é, ao mesmo tempo, participante e testemunha da construção de uma história. Testemunha não é apenas aquele que viu com os próprios olhos, a testemunha direta. Testemunha é também aquele que não vai embora, que consegue ouvir a narração insuportável do outro e que aceita que suas palavras levem adiante, como em um revezamento, a história do outro. Não por culpabilidade ou bondade, mas porque somente a transmissão simbólica, assumida apesar e por causa do sofrimento indizível, pode nos ajudar a ousar esboçar uma história (Gagnebin, 2009).

Semelhante a Gabriel, o analista tem também seu caderno de apontamentos no qual escreve o dia a dia de sua clínica, as transformações construídas a partir daquilo que parecia imprestável, feio, inútil para fazer casas-história.

As histórias construídas com cada um de seus pacientes fazem parte de seu acervo de psicanalista, durante os anos de ofício.

Galvão (1995), discorrendo sobre o conjunto da obra de Clarice Lispector, propõe que ela revela um curioso fenômeno bastante peculiar, a que se poderia chamar transmissão autointertextual:

> seus textos são dotados de mobilidade, o leitor pode reencontrá-los onde menos espera. Uma crônica já publicada vai reaparecer integrada a um conto posterior. Um trecho de romance ressurge como conto independente. Um conto muda de título e é reeditado em outra reunião de contos. Um texto volta reduzido a fragmentos ou fragmentos se amalgamam para constituir um texto mais longo. Um livro se transforma em dois livros (p. 8).

Assim, também o analista constrói sua história analítica ao longo dos anos de seu ofício. Fragmentos da história com um paciente reaparecem com outros. Uma história se transforma em duas. Sua história com um paciente ressurge integrada em uma história com outro ou é reunida no conjunto de outras. O livro *Cogitações* (Bion, 1959b) é um exemplo disso. Nele, encontramos anotações surgidas de sua clínica, suas inquietações, reflexões, seus questionamentos, sementes de concepções originais desenvolvidas posteriormente em seus textos, além de outras cogitações que nunca foram desenvolvidas e publicadas.

Em relatório apresentado no XXIX Congresso de Psicanálise, em 1975, Green (citado por Candi, 2010) enfatiza a essência do trabalho do psicanalista. Tal como acontece com o sono e o sonho, a finalidade do dispositivo acionado pelo enquadre analítico é implantar as condições necessárias e suficientes para estruturar um processo de simbolização. Ressurgidos do inconsciente ou produzidos pelo encontro analítico, esses símbolos devem poder gerar significados que possam ser traduzidos em pensamentos, palavras e interpretações, abrindo espaço para a elaboração das experiências afetivas.

A construção da poética de um espaço analítico, isto é, a construção de um campo com condições necessárias e suficientes para estruturar um processo de simbolização, envolve uma comunicação de inconsciente para inconsciente entre o par, já mencionada por Freud, correspondente às identificações projetivas e introjetivas formulada pela teoria das relações objetais, como também as funções continente e de *rêverie* elaboradas por Bion. A função continente (Bion, 1962a) implica uma capacidade do analista de conviver com as próprias angústias com razoável conforto e naturalidade, para poder conter e transformar as diversas experiências sensoriais e emocionais de seus pacientes. À função continente adiciona-se o fator *rêverie* (Bion, 1962a), isto é, uma capacidade de sensibilidade e receptividade emocional às projeções em busca de sentido. Um continente com capacidade de *rêverie* transforma as impressões sensoriais e as experiências emocionais em estado bruto em elementos utilizáveis para a formação de imagens, ideias, palavras, memórias; elementos essenciais para o trabalho do sonho, simbolização e pensamento.

O analista pode se comover ao ouvir um paciente incapaz de expressar sua dor (*choros interrompidos*) ou se lembrar dos sonhos ou cuja capacidade para sonhar é afetada porque seu sonho é interrompido por uma ansiedade intensa ou por um pesadelo enquanto dorme; o paciente também pode ter terrores noturnos, o que é ainda mais sério (Ogden, 2005).

O analista *empresta*, por assim dizer, para seu paciente sua própria capacidade de sonhar. O funcionamento mental do paciente fica muitas vezes perturbado pela natureza violenta de algumas fantasias, as quais são como fragmentos de ideias em busca de um autor; assim, a essência do trabalho analítico fica sendo a restauração da capacidade de sonhar do paciente. Um trabalho feito a quatro mãos. Mas isso não foi sempre assim.

Tradição e transformação da técnica psicanalítica[18]

Por volta de 1994 iniciei o trabalho com Luis, um paciente de 17 anos. Era um rapaz alto, magro, com postura e jeito de andar que me faziam lembrar um boneco de pano, desajeitado e amolecido. Sua pele era de uma textura fina e branca como a de um papel de seda. Segundo a mãe, que o acompanhou durante a primeira entrevista, Luis sempre foi um menino fechado, na escola ficava em um canto e não brincava com as outras crianças. Tinha muitos pesadelos e muitos medos durante a infância, os quais se suavizaram entre as idades de 7 a 12 anos, mas que tomaram a forma de pânico após esse período. Ele levou mais ou menos um ano para falar aos pais a respeito. Chegava no portão da escola, era invadido por uma ansiedade aguda e, então, batia em retirada, ia para casa e se fechava em seu quarto, saindo dali somente ao entardecer, quando seus pais estavam voltando do trabalho.

18 Este caso é o mesmo de que tratamos na parte III do Capítulo 2.

Conjecturei, na época, que com um frágil senso de existência, Luis não conseguia tolerar as mudanças próprias da adolescência e que, possivelmente, refugiava-se em sua cama tentando recriar os momentos iniciais de sono da mãe com seu bebê, por meio dos quais pudesse adquirir um senso de existência, continuidade e realidade. Mas o que mais me chamava a atenção era que rotineiramente ele deitava-se no divã e dizia: "Hoje vou cortar o cabelo... Amanhã vou a uma festa... Meu pai está com enxaqueca... Meu avô não quer tomar banho". Essas frases se repetiam sessão após sessão, com pouca, quase nenhuma alteração no repertório. Eram ditas em intervalos de cinco, dez, quinze minutos entre elas. Não parecia existir um elo dinâmico entre essas frases. Pareciam vagar em uma zona morta, indistinguíveis em si e entre si.

Eu iniciava nossos encontros com certo entusiasmo, mas, diante desse estado amorfo, letárgico, de Luis, eu também caia em um estado de apatia, sem curiosidade, sentindo cada vez mais o equivalente a uma perda das minhas funções mentais. Durante a análise, Luis terminou o terceiro colegial e dizia querer ser advogado. Perguntei por quê. Ele não sabia responder. Tinha de cursar uma faculdade e advocacia seria uma boa profissão. Certa vez, deitou-se calmamente no divã, como de hábito, e disse: "minha avó morreu ontem". Não disse mais nada. Ficou em silêncio por muito tempo. Perguntei-lhe se era muito ligado a sua avó, se estava triste, ao que ele formalmente respondeu: "gente fica triste quando as pessoas morrem". Seu querer era tão vago, não parecia lhe pertencer, assim como ele mesmo não parecia pertencer ao mundo daqueles que ficam tristes quando perdem pessoas de que gostam. Luis apresentava-se quase que totalmente adormecido aos problemas e conflitos inerentes à condição humana. Uma espécie de clone, pensei muitas vezes, enquanto o atendia. Outra característica marcante de nossos encontros: às minhas tentativas de dizer algo que pudesse trazer algum sentido a suas vivência, Luis dizia: "é verdade, é verdade". Em seguida, após uma breve pausa, ele reiniciava sua fala de sempre: "meu pai está com enxaqueca". E eu arriscava: "dói a cabeça falar e pensar sobre seus dilemas, suas dores, seu sofrimento". E Luis então respondia: "é verdade... é verdade".

Lembro-me de que, à época, estava em formação e cursando seminário sobre Melanie Klein. Chamou minha atenção o fato de que Luis não parecia se *enquadrar* no mundo do amor e ódio, ciúme, inveja, desejo de vingança, medo de retaliação, fantasias assassinas, tão bem esclarecidas por Klein. O que predominava em nossos encontros eram o vácuo e um sentimento de inutilidade.

Algumas elaborações de Green (1997) me acompanharam nesse período, em especial sua formulação sobre um negativo potencialmente criativo que o sofrimento, a raiva, a impotência travestiram e transformaram em paralisia psíquica. Uma paralisia que subsidia e é subsidiada pela positivação do nada, a ausência se tornando a modalidade mais forte e mesmo a única manifestação possível da realidade. A ausência é mais real que a possibilidade de uso, por exemplo, do analista e do *setting* analítico.

Desde então, tenho tido a oportunidade de trabalhar com alguns pacientes que apresentam recursos simbólicos precários, pobreza imaginativa, apego à concretude, incapacidade para utilizar a livre associação de ideias. Apresentam uma impossibilidade continuada de sonhar seus afetos, sensações, emoções e a presença do analista em todas as suas manifestações. Mas procuram tratamento, solicitam algum tipo de ajuda e fundamentalmente me estimulam a pensar em como transformar o *nada*, a paralisia psíquica, em uma *casa da flor sempre-viva*. Como construir e criar uma narrativa que introduz o tempo e a história na vida desses pacientes, pois, não possuindo um movimento mental significativo, a noção de história, espaço e tempo fica quase que totalmente anulada. A técnica tradicional (atenção flutuante, associação livre de ideias e interpretação) não era suficiente para gerar *insight*, pelo contrário, fortalecia o escudo de imobilidade psíquica. Paradoxalmente, foi com esses pacientes que a noção de construção e criação da história, espaço e tempo no processo analítico alcançou singularidade.

A partir dessas experiências clínicas, escrevi alguns artigos (Adamo & Lamanno-Adamo,1997; Lamanno-Adamo, 2006; 2010a; 2010b) enfatizando as fantasias inconscientes e o sistema de defesas altamente organizado e vigorosamente mantido contra as agonias e terrores impensáveis, as quais roubam do indivíduo a possibilidade de trabalho de sonho (Bion, 1962a; Grotstein, 2007; Ogden, 2005), pensamento onírico de vigília (Bion, 1959b; 1962a; 1965) e, consequentemente, a pré-condição para o impulso e o viver criativo. Neste capítulo foco outra questão: as transformações que foram ocorrendo na técnica para o tratamento desses pacientes.

O *divã* passa a representar não só o espaço das interpretações transferenciais e contratransferenciais, mas também o porto que acolhe quem vem do mar, pelo tempo que for necessário, para restaurar os danos provocados pela viagem. Ou uma casa como referência de mundo, ou um ninho, ou uma penugem externa, ou um canto de uma sala, um espaço reduzido para se esconder. Pode também representar o bar no deserto com seu garçom como "*alguém que está lá*", que mantém a porta aberta, que é reservado, porém disponível.

Ou, então, a alemã Jasmin chegando ao deserto de Mojave, viajante amigável e cortês, pois em terras estrangeiras há de se conhecer a cultura e hábitos locais. Em alguns casos,

> a técnica de tratamento precisa basear-se na máxima tolerância das necessidades de espelhamento, de aparentes gemelaridades e de compartilhamento confirmativo das vivências e das perspectivas subjetivas do paciente... as modalidades relacionais exigem um tato especial e a abstinência temporária de uma performance interpretativa por parte do analista, que não deve "roubar a cena" com interpretações brilhantes demais, o que exporia o risco de ressaltar a superioridade do adulto de modo dificilmente tolerável pelo paciente (Bolognini, 2004, p. 262).

O analista, por sua vez, é participante e testemunha na construção da história de seu analisando, inscrita em determinados tempo e espaço do processo de análise. Testemunha não só porque vê com os próprios olhos o que ocorre na transferência e contratransferência, mas também como aquele que não vai embora, alguém que consegue ouvir e sonhar a narração insuportável do outro, seu silêncio, sua agonia, seu terror, e que também aceita que suas palavras levem adiante, como em um revezamento, a história do outro. O analista não se inclui de todo, ou então não poderá ver, não terá distância suficiente para perceber as tensões, tampouco poderá ficar muito alheio, isolado na construção de suas ideias; ao mesmo tempo em que o analista se mantém conectado com seu paciente, está também em busca de si mesmo.

Extrapolando para uma outra dimensão, fora do âmbito da psicanálise, encontrei Bill Nichols (1991 citado por Da-Rin, 2006) analisando documentários de diferentes épocas, estilos e cinematografias. Esse estudioso do cinema sintetizou quatro modos de representações de um documentário: o expositivo, o observacional, o interativo e o reflexivo. Esses diferentes modos me auxiliaram na compreensão das transformações da técnica psicanalítica ao longo dos anos.

O *modo expositivo* corresponde ao documentário clássico, em que um argumento é veiculado por letreiros ou pelo comentário *off*, servindo as imagens de ilustração ou contraponto. Até o início dos anos 1960, a maior parte dos documentários se enquadrava nesse modelo canônico, que adota um esquema particular, mostrando imagens exemplares que são conceituadas e generalizadas pelo texto do comentário. O processo de produção é elidido em nome de uma impressão de objetividade.

A expressão mais típica do *modo observacional* foi o cinema direto norte-americano, que procurou comunicar um sentido de acesso imediato ao mundo, situando o espectador na posição de observador ideal; defendeu radicalmente a não intervenção; suprimiu o roteiro e minimizou a atuação do diretor durante a filmagem; desenvolveu métodos de trabalho que transmitiam a impressão de invisibilidade da equipe técnica; privilegiou o plano-sequência com imagem e som em sincronismo; adotou uma montagem que enfatizava a duração da observação; evitou o comentário, a música *off*, os letreiros e as entrevistas.

O *modo interativo* enfatiza a intervenção do cineasta, em vez de procurar suprimi-la. A interação entre a equipe e os *atores sociais* assume o primeiro plano, na forma de interpelação ou depoimento. A montagem articula a continuidade espaço-temporal desse encontro e explicita os pontos de vista em jogo. Ao contrário de um texto impessoal *in off*, a voz do cineasta é dirigida aos próprios participantes da filmagem. A subjetividade do realizador e dos atores sociais é plenamente assumida.

O *modo reflexivo* surgiu como resposta ao ceticismo ante a possibilidade de uma representação objetiva do mundo e procurou explicitar as convenções que reagem ao processo de representação. Juntamente com o produto, os filmes reflexivos apresentam o produtor e o processo de produção, evidenciando o caráter de artefato do documentário. O modo reflexivo assimila os recursos técnicos desenvolvidos ao longo da história do documentário e produz uma inflexão deles sobre si mesmos, problematizando suas limitações.

Analisando a técnica psicanalítica desde Freud, constata-se que as recomendações por ele formuladas durante o período de 1912 a 1915 permanecem vigentes (a livre associação de ideias, a abstinência, a neutralidade e a atenção flutuante), no entanto, elas vêm passando por significativas transformações ao longo dos anos, à medida que a própria ideologia da psicanálise também está passando por sucessivas e profundas modificações por intermédio de expansões epistemológicas.

Assim, em um primeiro momento, no *momento expositivo*, Freud tenta veicular nas sessões seus argumentos sobre o inconsciente, solicitando ao paciente a associação livre de ideias, mas, ainda sem o conhecimento do processo transferencial/contratransferencial, permanece uma impressão de objetividade, o analista sendo considerado um observador imparcial.

Em um segundo momento, o *momento pulsional*, como ocorreu com o modo *observacional* do documentário, o analista situa-se como o espectador em uma posição de observador ideal, e todo o seu enfoque está centrado exclusivamente na pessoa do analisando (o analista é o *diretor* com atuação minimizada, transmitindo a impressão de invisibilidade da *equipe técnica*).

Na fase posterior, inaugurada por Klein, a qual podemos denominar *momento objetal*, o interesse do psicanalista fica predominantemente concentrado no mundo das relações objetais internalizadas do paciente, acompanhadas das respectivas fantasias inconscientes, ansiedades e defesas primitivas que estejam manifestas ou ocultas em seu psiquismo. Nesse momento da psicanálise, semelhante ao que ocorreu no documentário, e à medida que a psicanálise foi desvendando o fenômeno contratransferencial, a partir de um melhor entendimento das contraidentificações projetivas, a pessoa do analista começa a entrar em cena (a interação entre a *equipe*/analista e os *atores sociais*/ analisando assume o primeiro plano). Amplia-se o conhecimento sobre a relação de reciprocidade entre dois sujeitos, em que o inconsciente de um é influenciado pelo inconsciente do outro. O objeto de investigação se modifica, não é nem aquilo que ocorre com o analista (contratransferência) nem aquilo que ocorre com o paciente (transferência), mas o que ocorre *entre* ambos: a presença do analista transforma-se na própria força dinâmica da análise, não há um fosso entre um lado e outro, mas circulação e troca.

Morin (1962 citado por Da-Rin, 2006), um dos criadores do documentário interacional, inverteu os termos do documentário expositivo. Para ele, o diretor deveria sair do mistério, mostrar-se presente, falível, homem entre os outros. Se a preocupação suprema do diretor de um documentário expositivo residia em minimizar sua participação na filmagem, visando melhor comunicar *a sensação de estar ali*, para Morin a questão era bem outra. No modo interativo o cineasta dispõe de novos recursos para recusar o papel de agenciador oculto de imagens sonoras e visuais, podendo exibir-se como um ser humano implicado, o observador torna-se observado.

O recurso novo que aparece na técnica psicanalítica é o trabalho de sonho do analista: o analista sonha os sonhos interrompidos e não sonhados de seu paciente para implantar as condições necessárias e suficientes para estruturar um processo de simbolização.

Observo, também, certo grau de proximidade entre o modo reflexivo do documentário e a ideia recente, na psicanálise, de que os analistas deveriam admitir aos pacientes as falhas cometidas. Esse debate tem se desenvolvido a partir de uma estrutura muito peculiar, a da Psicanálise Relacional, uma concepção clínica e teórica que vem conseguindo grande número de seguidores nos Estados Unidos nas últimas duas décadas e que, nos últimos anos, tem se expandido para alguns lugares da Europa. Recentemente, o *Livro Anual de Psicanálise* publicou o texto de Jessica Benjamin (2011), que mora e clinica em Nova York e é uma das lideranças dessa proposição, e os argumentos e críticas de Vic Sedlak, analista didata da Sociedade Britânica de Psicanálise, às ideias de Jessica. Os textos são baseados em uma apresentação e discussão que aconteceram na Sociedade Britânica de Psicanálise, em novembro de 2007.

Resumidamente, Jessica enfatiza que a percepção que o analista tem de suas falhas no reconhecimento e na reabertura penosa de velhas feridas requer de si uma luta interna com sua vergonha e culpa. Essa luta se dá na presença de alguém que está, às vezes de forma muito vigilante, ouvindo e monitorando os sinais do estado interno do analista. O reconhecimento, por parte do analista, pode ser, segundo Jessica, um modo de demonstrar um senso de solidez que permita tolerar o escrutínio do outro, transformar o vaivém complementar da culpa e convidar o paciente a ser um interprete do analista e alguém que cria o diálogo conjunto e, assim, desenvolver seu próprio senso de mediação e responsabilidade. Admitir as próprias falhas ao paciente tem como objetivo mostrar que o analista pode mudar o processo de transformação e que, ao revelar seu esforço para fazer isso, também transforma o processo analítico em um mútuo escutar a múltiplas vozes. Essas ideias correspondem a uma expansão do conceito do terceiro analítico elaborado por Ogden (1996) e têm também uma curiosa proximidade com o modo reflexivo do documentário.

No modo reflexivo passa a existir, no corpo dos documentários, a problematização das questões de sua realização. Não satisfeito em simplesmente expor um argumento sobre seu objeto, o cineasta passa a engajar-se em um metacomentário sobre os mecanismos que dão forma a tal argumento. É um momento de recusa à *documentação*, ou seja, uma recusa a uma utópica reprodução de uma cultura, induzindo o espectador a uma consciência mais elevada de suas relações com o texto e da relação problemática entre o texto e aquilo que representa. Esta também me parece ser a essência das ideias de Jessica, quando enfatiza que o reconhecimento do analista de suas falhas convida o paciente a ser intérprete do analista, cria o diálogo conjunto e desenvolve um senso de mediação e responsabilidade.

Cada um desses *momentos* da técnica psicanalítica não se presta a uma aplicação mecânica e excludente. Tampouco essa classificação está comprometida com a ideia de sucessão ou evolução. Cada vez mais a psicanálise vem concebendo o espaço psíquico como um universo em constante expansão e retração, constituído por um conjunto de sistemas inter-relacionados, por estruturas estagnadas, por soterramentos traumáticos, convivendo com estruturas nascentes, por vazios a serem preenchidos, por espaços *urbanizados*. Assim, podemos encontrar em uma análise, e até mesmo em uma única sessão, evidências de cada um dos *momentos* descritos acima.

Não se pode prescindir do nível de escuta, sobre a qual a técnica psicanalítica se alicerça de modo predominante: edípico, pré-edípico, de angústias psicóticas ou de níveis ainda mais subterrâneos, funcionamentos possíveis da mente. Cada uma dessas escolhas implica, naturalmente, estratégias diferentes, desde as que dão mais relevo ao conteúdo (recalcamentos, conflitos) até aquelas em que o mais importante é aumentar a voltagem emocional tolerável pela mente, por meio do desenvolvimento de instrumentos para pensar (Ferro, 2008).

Com alguns pacientes, ou em alguns períodos da análise, o mundo das representações não é o importante, mas, sim,

> o que da palavra é corpo, isto é, seu gosto, seu cheiro, seu tamanho, seus ritmos e intensidades. Trata-se de recolher as pegadas do paciente deixadas no caminho, reconhecê-las, nomeá-las e desta forma, atestar-lhes existência. Interpretar, nestes casos, no sentido tradicional concebido por Freud, é correr o risco de rasgar o fino tecido que protege a intimidade destes pacientes, deixando-lhes o vazio do ser à mostra. A luta que se dá aqui não é por significado, mas por sobrevivência psíquica. Isto implica uma transformação na posição do analista para possibilitar as condições necessárias para a construção e criação da noção de espaço e de tempo, para a estruturação do mundo das representações e das trocas simbólicas (Calmon du Pin e Almeida, 2001, p. 3).

Desde Freud, a psicanálise, por ser ao mesmo tempo um método de investigação, uma forma de tratamento e um método de teorização, vem validando, expandindo e reformulando de forma intensa sua teoria e sua técnica. O corpo das ideias analíticas vem sofrendo uma revisão e uma ampliação substanciais.

Vários analistas experientes, às vezes trabalhando em colaboração com colegas, são capazes de conservar em mente, pôr em questão e revisar uma parte significativa de seu sistema teórico e, ao mesmo tempo, trabalhar com casos particulares. É o caso de Melanie Klein com sua análise de crianças; Rosenfeld, Segal, Bion e Winnicott com os pacientes psicóticos; Tustin e Meltzer com crianças autistas.

A clínica com pacientes antes considerados intratáveis pelo trabalho analítico forjou novos dispositivos clínicos, novas formas de pensar, para avançar a teoria da técnica. A liberdade e coragem desses analistas para desbravar território até então desconhecido trouxe uma nova visibilidade a acontecimentos que sempre estiveram presentes no campo analítico, mas que ainda não tinham sido conceituados para um estudo aprofundado.

Referências

ADAMO, F. A. & LAMANNO-ADAMO, V. L. C. O continente flácido: considerações a respeito de uma dinâmica narcotizante. *Revista Brasileira de Psicanálise*, v. 31, n. 4, pp. 959-972, 1997.

__________. *A perversão do gosto*. Trabalho apresentado na Sociedade Brasileira de Psicanálise de São Paulo. São Paulo, 1999.

AHUMADA, J. L. Sobre a identificação narcísica e a sombra do objeto. In: *Descobertas e refutações*: a lógica do método psicanalítico. Rio de Janeiro: Imago, 1999.

ANDREUCCI, J. S. T. C. Considerações sobre a dinâmica de campo em regressões severas de pacientes limítrofes e psicóticos no processo analítico. *Revista Brasileira de Psicanálise*, v. 2, n. 2, pp. 219-230, 1968.

__________. O *acting out* como falso progresso: malabarismos do instinto de morte. *Revista Brasileira de Psicanálise*, v. 4, n. 4, pp. 590-601, 1970.

__________. Aquele olhar: vivências psicanalíticas com alguém que não podia ver. *Revista Brasileira de Psicanálise*, v. 13, n. 3, pp. 345-354, 1979.

ANTOMARINI, B. Resenha do livro *L'alba del pensiero* de Ferrari & Stella. *Revista Brasileira de Psicanálise*, v. 34, n. 1, pp. 206-213, 2000.

ANZIEU, D. *O Eu-pele*. São Paulo: Casa do Psicólogo, 1989.

BACHELARD, G. *A poética do espaço*. São Paulo: Martins Fontes, 1996.

BAUDRILLARD, J. *Simulacro e simulação*. Lisboa: Relógio d'Água, 1991.

__________. *A troca impossível*. Rio de Janeiro: Nova Fronteira, 2002.

__________. *Transparência do mal*: ensaio sobre os fenômenos extremos. São Paulo: Papirus, 2003.

BENJAMIN, J. Uma perspectiva da psicanálise relacional sobre a necessidade de admissão da falha com a finalidade de restaurar os fatores continentes e facilitadores do relacionamento intersubjetivo (o terceiro compartilhado). *Livro Anual de Psicanálise*, v. XXV, 2011.

BICK, E. The experience of the skin in early object relations. *The International Journal of Psychoanalysis*, v. 49, pp. 484-486, 1968.

BION, W. R. (1957) Sobre a arrogância. In: *Estudos psicanalíticos revisados*. Rio de Janeiro: Imago, 1988.

________. (1959a) Ataques ao elo de ligação. In: *Estudos psicanalíticos revisados*. Rio de Janeiro: Imago, 1988.

________. (1959b) *Cogitaciones*. Valencia: Promolibro, 1996.

________. (1960) Animismo, ataques destructivos y realidade. In: *Cogitaciones*. Valencia: Promolibro, 1996.

________. (1962a) *Aprendendo com a experiência*. Rio de Janeiro: Imago, 1988.

________. (1962b) Uma teoria sobre o pensar. In: *Estudos psicanalíticos revisados*. Rio de Janeiro: Imago, 1988.

________. (1963) *Elementos em psicanálise*. Rio de Janeiro: Imago, 1977.

________. (1965) *Transformações*: mudança do aprendizado ao crescimento. Rio de Janeiro: Imago, 1983.

________. (1968) *Experiências com grupos*. Rio de Janeiro: Imago, 1975.

________. (1970) *Atenção e interpretação*. Rio de Janeiro: Imago, 1970.

________. *Conversando com Bion*. Rio de Janeiro: Imago, 1992.

BLÉANDONU, G. *Bion*: a vida e a obra. Rio de Janeiro: Imago, 1993.

BOLOGNINI, S. O bar no deserto: simetria e assimetria no tratamento de adolescentes difíceis. *Revista Brasileira de Psicanálise*, v. 38, n. 2, pp. 259-270, 2004.

BRITTON, R. O elo perdido: a sexualidade parental no complexo de Édipo. In: *O complexo de* Édipo *hoje*. Porto Alegre: Artes Médicas, 1992.

CALMON DU PIN & ALMEIDA, M. Clínica psicanalítica: um ponto secreto entre a anedota da vida e o aforismo do pensamento. Disponível em: <http://www.redepsi.com.br/2001/10/09/cl-nica-psicanal-tica/>. Acesso em: 14 abr. 2014.

CANDI, T. S. O que está em jogo no processo analítico? As contribuições de André Green para a metapsicologia da situação analítica. *Revista Brasileira de Psicanálise*, v. 44, n. 2, pp. 111-122, 2010.

CAPER, R. Sobre a dificuldade de fazer uma interpretação mutativa. *Livro Anual de Psicanálise*, v. XI, 1995.

_________. Tendo uma mente própria. *Revista Brasileira de Psicanálise*, v. 31, n. 2, pp. 463-479, 1997.

CHEVALIER, J. & GUEERBRANT, A. *Dicionário de símbolos*. Rio de Janeiro: José Olympio, 1996.

CORBELLA, S. Encontros e solidões no nosso tempo. *Revista Brasileira de Psicanálise*, v. 42, n. 3, pp. 149-167, 2008.

CROSWELL, K. Galáxias canibais. *Folha de S.Paulo*, 17/08/1997. Disponível em: <http://www1.folha.uol.com.br/fsp/1997/8/17/mais!/40.html>. Acesso em: 11 abr. 2014.

DAMÁSIO, A. R. *O erro de Descartes*. São Paulo: Companhia das Letras, 2000.

DA-RIN, S. *Espelho partido*: tradição e transformação do documentário. Rio de Janeiro: Azougue, 2006.

DEJOURS, C. *Repressão e subversão em psicossomática*: pesquisas psicanalíticas sobre o corpo. São Paulo: Zahar, 1991.

ETCHEGOYEN, R. H. Las formas de transferencia. *Psicoanálisis*, v. 2, pp. 1065-1089, 1980.

_________. *Fundamentos de la técnica psicoanalitica*. Buenos Aires: Amorrortu, 1986.

FAIRBAIRN, W. R. D. (1940) Schizoid factors and personality. In: *Psychoanalytic Studies and Personality*. London: Routledge, 1978.

FELDMAN, M. O complexo de Édipo: manifestação no mundo interno e na situação terapêutica. In: *O complexo de Édipo hoje*. Porto Alegre: Artes Médicas, 1992.

FERRARI, A. B. *O eclipse do corpo*. Rio de Janeiro: Imago, 1995.

FERREIRA, A. B. H. *Dicionário Aurélio básico da língua portuguesa*. Rio de Janeiro: Nova Fronteira, 1988.

FERRO, A. Some implications of Bion's thoughts: the waking dream and the narrative derivatives. *The International Journal of Psychoanalysis*, v. 83, n. 3, pp. 597-607, 2002.

_________. The patient as the analyst's best colleague: transformation into dream and narrative transformation. *The Italian Psychoanalytical Annual*. Rome: Borla, 2008.

FREUD, S. (1927) Fetichismo. *Edição Standard Brasileira das Obras Psicológicas Completas*. Rio de Janeiro: Imago, 1981; v. XXI.

GAGNEBIN, J. M. *Lembrar, escrever, esquecer*. São Paulo: 34, 2009.

GALVÃO, W. N. *Clarice Lispector*: melhores contos. São Paulo: Global, 1995.

GARDNER, J. *A arte da ficção*. Rio de Janeiro: Civilização Brasileira, 1997.

GREEN, A. (1986) *Conferências brasileiras de André Green*. Rio de Janeiro: Imago, 1990.

_________. *Narcisismo de vida, narcisismo de morte*. São Paulo: Escuta, 1988a.

_________. Pulsão de morte, narcisismo negativo e função desobjetalizante. In: *A pulsão de morte*. São Paulo: Escuta, 1988b.

_________. A intuição do negativo em o brincar e a realidade. *Livro Anual de Psicanálise*, v. XIII, 1997.

_________. A mente primordial e o trabalho do negativo. *Livro Anual de Psicanálise*, v. XIV, 2000.

GROTSTEIN, J. S. Fearfull simmetry. *Journal* of *Melanie Klein and Object Relations*, v. 15, n. 4, pp. 631-646, 1997.

_________. *Um facho na escuridão*: o legado de Wilfred Bion à psicanálise. Porto Alegre: Artmed, 2007.

HANNS, L. *Dicionário comentado do alemão de Freud*. Rio de Janeiro: Imago, 1996.

HERRMANN, F. *Psicanálise da crença*. Porto Alegre: Artes Médicas, 1998.

IMBASCIATI, A. *La donna e la bambina*: psicoanalisi della feminilitá. Milano: Franco Angeli, 1990.

JACOBSON, E. *Psychotic conflict and reality*. New York: International University Press, 1968.

JONES, E. Wilfred Trotter. *The International Journal of Psychoanalysis*, v. 21, pp. 114, 1940.

JOSEPH, B. Addiction to near death. *The International Journal of Psychoanalysis*, v. 63, n. 4, pp. 449-456, 1982.

JUNG, C. G. (1961) *Memórias, sonhos e reflexões*. Rio de Janeiro: Nova Fronteira, 1984.

KLEIN, M. (1928) Early stages of the Oedipus complex. In: *The writing of Melanie Klein*, v. 1. London: The Hogarth Press, 1991.

________. (1946) Notes on some schizoid mechanisms. In: *The writing of Melanie Klein*, v. 3. London: The Hogarth Press, 1991.

KOHUT, H. *The analysis of the self: a systematic approach to the psychoanalytic treatment of narcissistic personality disorders*. New York: International Universities Press, 1971.

KUNDERA, M. *A arte do romance*. São Paulo: Editora de Bolso, 2009.

LAMANNO, V. L. C. O material clínico e o ato criador. *Jornal de Psicanálise*, v. 31, n. 57, pp. 129-136, 1998.

LAMANNO-ADAMO, V. L. C. O continente autotélico: alguns aspectos de uma dinâmica saturante. *Revista Brasileira de Psicanálise*, v. 33, n. 2, pp. 283-296, 1999.

________. Aspectos de um continente complacente. *Revista Brasileira de Psicanálise*, v. 36, n. 3, pp. 645-656, 2002.

________. Aspects of a compliant container: considering narcissistic personality configurations. *The International Journal of Psychoanalysis*, v. 87, n. 2, pp. 369-382, 2004a.

________. Aspectos de um continente primário. *Revista Brasileira de Psicanálise*, v. 38, n. 2, pp. 373-387, 2004b.

________. Aspects of a compliant container: Considering narcissistic personality configurations. *The International Journal of Psychoanalysis*, v. 7, n. 2, pp. 369-382, 2006.

________. Conjeturas sobre o *splitting* entre animado e inanimado. *Revista Alter*, v. 28, n. 2, pp. 73-84, 2010a.

________. Clone: o inferno de si mesmo. *Revista Brasileira de Psicanálise*, v. 44, n. 4, pp. 85-94, 2010b.

________. Contando do começo. *Jornal de Psicanálise*, v. 45, n. 83, pp. 51-58, 2013.

LAMANNO-ADAMO, V. L. C. & ADAMO, F. O continente flácido: aspectos de uma dinâmica narcotizante. *Revista Brasileira de Psicanálise*, v. 31, n. 4, pp. 959-972, 1997.

LIAÑO, I. G. *Dali*. Rio de Janeiro: Ao Livro Técnico, 1982.

LISPECTOR, C. (1960) Amor. In: *Laços de família*. Rio de Janeiro: Francisco Alves, 1993.

________. (1969) Sem nosso sentido humano. In: *A descoberta do mundo*. Rio de Janeiro: Francisco Alves, 1994.

MAILLET, A. *La segouine*. Toronto: Simon & Pierre, 1986.

MALDONADO, J. L. Resistências narcísicas na experiência analítica. *Livro Anual de Psicanálise*, v. XV, 2001.

McDOUGALL, J. *Teatros do corpo*. São Paulo: Martins Fontes, 1991.

MELTZER, D. *Sexual states of mind*. London: Perth/Clunie, 1973.

________. Adhesive identification. *Contemporary Psychoanalysis*, v. 11, pp. 289-310, 1975.

________. *The Kleinian development. Part III*. Perthshire: Clunie Press, 1978a.

________. (1978b) Experiências em grupos. In: *Desarrollo kleiniano*: el significado clínico de la obra de Bion. Buenos Aires: Spatia, 1990.

________. (1988) O estado de ausência da mente: falha e reversão da função alfa como modelo para relacionar psicossomática, hiperatividade e alucinose. In: *A apreensão do belo*. Rio de janeiro: Imago, 1995.

________. O desenvolvimento recente do modelo da mente e sua relação com os sonhos na prática clínica. *Ide*, v. 18, pp. 100-113, 1989.

MELTZER, D. *et al.* (1975) *Exploration del autismo*: un estudio psicoanalítico. Buenos Aires: Paidós, 1979.

MEZAN, R. *O enigma da esfinge*. São Paulo: Casa do Psicólogo, 2002.

MORIN, E. *O método*: a natureza da natureza. Porto Alegre: Meridional, 2002.

NIN, A. *A casa do incesto*. Rio de Janeiro: Rosa dos Ventos, 1991.

OGDEN, T. On the concept of an autistic-contiguous position. *The International Journal of Psychoanalysis*, v. 70, n. 1, pp. 127-140, 1989.

________. *Os sujeitos da psicanálise*. São Paulo: Casa do Psicólogo, 1996.

________. *Esta arte da psicanálise*. Porto Alegre: Artmed, 2005.

PALLY, R. Emotional processing: the mind-body connection. *The International Journal of Psychoanalysis*, v. 79, n. 2, pp. 349-362, 1998.

PESSOA, F. *O livro do desassossego*. São Paulo: Brasiliense, 1989.

PIPERNO, R. O reemergir do objeto originário concreto nas situações psicóticas. In: FERRARI, B. A. (Org.) *O eclipse do corpo*. Rio de Janeiro: Imago, 1995.

PLATÃO. O banquete. *Os Pensadores*. São Paulo: Abril Cultural, 1979.

PONTALIS, J.-B. *Perder de vista*. Rio de Janeiro: Jorge Zahar, 1991.

QUINODOZ, D. The psychoanalysis of the future: wise enough to be mad at times. *The International Journal of Psychoanalysis*, v. 82, n. 2, pp. 235-248, 2001.

REEVES, H. *Nomes de deuses:* ninguém sabe o dia que nascerá. Entrevistas a Edmond Blattchen. São Paulo: Unesp, 2000.

REISENBERG-MALCOLM, R. Technical problems in the analysis of a pseudo-complaint patient. *The International Journal of Psychoanalysis*, v. 62, n. 4, pp. 477-484, 1981.

RESNICK, S. *El teatro del sueño*. Madrid: Tecnipublicaciones, 1994.

ROCHA BARROS, E. M. & ROCHA BARROS, E. *The function of evocation in the working-through of the countertransference*: projective identification, reverie and the expressive function of the mind. New York: Imprint, 2014.

ROSENFELD, H. *Impasse and interpretation*. London: Tavistock Press, 1987.

RUFFIOT, A. O poder absoluto: a imago dos pais combinados ou a anticena primária. In: VILHENA, J. (Org.) *Escutando a família*. Rio de Janeiro: Relume-Dumará, 1991.

SALOMONSSON, B. Talk to me baby, tell me what's the matter now: semiotic and developmental perspectives on communication in psychoanalytic infant treatment. *The International Journal of Psychoanalysis*, v. 88, pp. 127-146, 2007.

SAPIENZA, A. Compaixão, tolerância à frustração e à capacidade de pensar na experiência emocional analítica. *Alter*, v. XVIII, n. 1, pp. 53-60, 1999.

SEGAL, H. A delusional system as a defense against the re-emergence of catasthrophic situation. *International Journal of Psychoanalysis*, v. 53, n. 3, pp. 393-401, 1972.

________. Fantasia e Realidade. *Livro Anual de Psicanálise*, v. XI, 1994.

STEINER, J. *Refúgios psíquicos*: organizações patológicas em pacientes psicóticos, neuróticos e fronteiriços. Rio de Janeiro: Imago, 1993.

SYMINGTON, N. *Narcisismo*: uma nova teoria. São Paulo: Roca, 2003.

TORRES, N. & HINSHELWOOD, R. D. *Bion's sources*. London / New York: Routledge, 2013.

TROTTER, W. (1932) Art and science in medicine. In: *The collected papers of Wilfred Trotter*. Geoffrey Cumberle: Oxford University, 1941.

TUSTIN, F. *Autism and childhood psychosis*. London: Hogarth, 1972.

_________. Autistic objects. *International Review of Psychoanalysis*, v. 7, pp. 27-40, 1980.

_________. *Autistic states in children*. Boston: Routledge & Kegan Paul, 1981.

_________. Autistic shapes. *International Review of Psychoanalysis*, v. 11, pp. 279-290, 1984.

_________. *Barreiras autistas em pacientes neuróticos*. Porto Alegre: Artes Médicas, 1990.

VASSALLI, G. O nascimento da psicanálise a partir do espírito da técnica. *Livro Anual de Psicanálise*, v. XVII, 2003.

WALDMAN, B. (1963) *Clarice Lispector*: a paixão segundo C. L. São Paulo: Escuta, 1993.

WEBSTER DICTIONARY. Disponível em: <http://www.webster-dictionary.org>. Acesso em: 5 ago. 2014.

WINNICOTT, D. W. (1949) A mente e a sua relação com a Psique-Soma. In: *Textos selecionados*: da pediatria à psicanálise. São Paulo: Francisco Alves, 1988.

_________. (1956) Preocupação materna primária. *Op. cit.*

_________. (1960) Teoria do relacionamento paterno-infantil. In: *O ambiente e os processos de maturação*. Porto Alegre: Artes Médicas, 1982.

_________. (1964) Transtorno psicossomático. In: WINNICOTT, C., SHEPHERD, R. & DAVIS, M. (Orgs.) *Explorações psicanalíticas*. Porto Alegre: Artes Médicas, 1994.

_________. (1967) *O brincar e a realidade*. Rio de Janeiro: Imago, 1975.

_________. (1968) O uso de um objeto e o relacionamento através de identificações. In: WINNICOTT, C., SHEPHERD, R. & DAVIS, M. (Orgs.) *Explorações psicanalíticas*. Porto Alegre: Artes Médicas, 1994.

ZALUAR, A. *A casa da flor de Gabriel Joaquim dos Santos*. Disponível em: <http//www.casadaflor.com.br>. Acesso em: 14 abr. 2014.

Coleção Clínica Psicanalítica

Artesã Editora – Títulos publicados

A cena hospitalar: psicologia médica e psicanálise
Alfredo Simonetti

Adicções
Decio Gurfinkel

Adoção
Gina Khafif Levinzon

Adolescência
Tiago Corbisier Matheus

Autorização e angústia de influência em Winnicott
Wilson Franco

Borderline
Mauro Hegenberg

Cena incestuosa
Renata Udler Cromberg

Clinicar na atualidade
Vera Lúcia Silva Prazeres

Complexo de Édipo hoje?
Nora B. Susmanscky de Miguelez

Corpo – Em breve
Maria Helena Fernandes

Entrevistas preliminares em psicanálise – Em breve
Fernando Rocha

Estresse
Maria Auxiliadora de A. C. Arantes, Maria José Femenias Vieira

Histeria
Silvia Leonor Alonso, Mario Pablo Fuks

Narcisismo e vínculos
Lucía Barbero Fuks

Neurose obsessiva
Rubia Delorenzo

Orientação profissional
Maria Stella Sampaio Leite

Paranoia
Renata Udler Cromberg

Psicanálise da família
Belinda Mandelbaum

Psicopatia
Sidney Kiyoshi Shine

Psicoterapia breve psicanalítica
Mauro Hegenberg

Psicoterapia breve psicanalítica de casal
Mauro Hegenberg

Trabalho do negativo
Vera Lamanno-Adamo

Transexualidades
2ª edição – Em breve
Paulo Roberto Ceccarelli

Transtornos de pânico
Luciana Oliveira dos Santos

Violência – Em breve
Maria Laurinda Ribeiro de Souza

Violência e masculinidade – Em breve
Susana Muszkat

Coleção Clínica Psicanalítica
Casa do Psicólogo / Pearson - Títulos publicados

Acompanhamento terapêutico
Maurício Porto

Acontecimento e linguagem
Alcimar Alves de Souza Lima

Amor e fidelidade
Gisela Haddad

Anomia
Marilucia Melo Meireles

Autismo
Ana Elizabeth Cavalcanti,
Paulina Schmidtbauer Rocha

Autorização e angústia de influência em Winnicott
Wilson Franco

Cidade e subjetividade
Flávio Carvalho Ferraz

Clínica da exclusão
Maria Cristina Poli

Clínica do continente
Beatriz Chacur Mano

Clínica do trabalho
Soraya Rodrigues Martins

Consultas terapêuticas
Maria Ivone Accioly Lins

Crise pseudoepiléptica
Berta Hoffmann Azevedo

Crítica à normalização da psicanálise
Mara Caffé

Demências
Delia Catullo Goldfarb

Depressão
Daniel Delouya

Desafios para a técnica psicanalítica
José Carlos Garcia

Desamparo
Lucianne Sant'Anna de Menezes

Disfunções sexuais
Cassandra Pereira França

Distúrbios do sono
Nayra Cesaro Penha Ganhito

Ecos da clínica
Isabel Mainetti de Vilutis

Emergências psiquiátricas
Alexandra Sterian

Ensaios psicanalíticos
Flávio Carvalho Ferraz

Entrevistas preliminares em psicanálise
Fernando Rocha

Epistemopatia
Daniel Delouya

Escritos metapsicológicos e clínicos
Ana Maria Sigal

Esquizofrenia
Alexandra Sterian

Fairbairn
Teo Weingrill Araujo

Ferenczi
Teresa Pinheiro

Hipocondria
Rubens Marcelo Volich

Idealcoolismo
Antonio Alves Xavier,
Emir Tomazelli

Imitação
Paulo de Carvalho Ribeiro e colaboradores

Incestualidade
Sonia Thorstensen

Inconsciente social
Carla Penna

Infertilidade e reprodução assistida
Marina Ribeiro

Linguagens e pensamento
Nelson da Silva Junior

Morte
Maria Elisa Pessoa Labaki

Neuroses atuais e patologias da atualidade
Paulo Ritter

Neurose traumática
Myriam Uchitel

Normopatia
Flávio Carvalho Ferraz

O tempo, a escuta, o feminino
Silvia Leonor Alonso

Perversão
Flávio Carvalho Ferraz

Pós-análise
Yeda Alcide Saigh

Problemas de linguagem
Maria Laura Wey Märtz

Problemáticas da identidade sexual
José Carlos Garcia

Psicanálise e educação
Maria Regina Maciel

Psicanálise e música
Maria de Fátima Vicente

Psicoterapia de casal
Purificacion Barcia Gomes, Ieda Porchat

Saúde do trabalhador
Carla Júlia Segre Faiman

Sintoma
Maria Cristina Ocariz

Sublimação e *unheimliche*
Alessandra Martins Parente

Tatuagem e marcas corporais
Ana Costa

Tempo e ato na perversão
Flávio Carvalho Ferraz

Término de análise
Yeda Alcide Saigh

Tortura
Maria Auxiliadora de Almeida Cunha Arantes

Trama do olhar
Edilene Freire de Queiroz

Transexualidades
Paulo Roberto Ceccarelli

Transtornos alimentares
Maria Helena Fernandes

Transtornos da excreção
Marcia Porto Ferreira

Vertentes da psicanálise
Maria Laurinda Ribeiro de Souza

Construindo ideias
e conectando mentes

Este livro foi composto com tipografia Freight Text Pro
e impresso em papel Pólen Natural 80g. em junho de 2024.

Impressão e Acabamento | Gráfica Viena
Todo papel desta obra possui certificação FSC® do fabricante.
Produzido conforme melhores práticas de gestão ambiental (ISO 14001)
www.graficaviena.com.br